Edgar Haupt · Anne Wiktorin

Wintergärten –
Anspruch und Wirklichkeit

Ein Praxis-Handbuch

Staufen bei Freiburg

Die Deutsche Bibliothek – CIP-Einheitsaufnahme

Haupt, Edgar :
Wintergärten : Anspruch und Wirklichkeit ; Ein Praxis-Handbuch / Edgar Haupt ; Anne Wiktorin. - 2. verb. Aufl. - Staufen bei Freiburg : ökobuch, 1997
   ISBN 3-922964-62-1
NE: Wiktorin, Anne:

ISBN 3-922964-62-1

1. Auflage 1996

© ökobuch Verlag, Staufen bei Freiburg 1996

Alle Rechte der Verbreitung, auch durch Funk, Fernsehen, fotomechanische Wiedergabe, Tonträger jeder Art und auszugsweisen Nachdruck, sowie die Rechte der Übersetzung sind vorbehalten.

Satz und Layout: usw. Uwe Stohrer, Freiburg
Druck: Druckhaus Beltz, Hemsbach
Titelphoto, unten rechts: Log Id, Tübingen

Inhalt

1. **Zielbestimmung:
   Wozu eigentlich ein Wintergarten?** 6
   1.1 Marotte der Reichen und Mekka
   der Ökofreaks 6
   1.2 Der Schwung der frühen Jahre:
   Ohne Abenteuerlust kein Fortschritt 8
   1.3 Ein Glashaus kann nicht alles 9

2. **Grundlagen: Das klimatische
   System Wintergarten** 10
   2.1 Der Wintergarten zur
   Energiegewinnung 10
      1. Passive Sonnenenergienutzung 10
      2. Wärmeströme 13
      3. Luftzirkulation: Luftbewegung
   und Luftstau im Glashaus 14
      4. Luftfeuchtigkeit: Besonderheiten
   im Glashaus 16
   2.2 Auf die Lage kommt es an 17
      1. Orientierung: Wie die Lage des Wintergartens sein Klima beeinflußt 17
      2. Einbindung: Vom Anlehnhaus
   zum integrierten Wohnraum 18
      3. Transparenz und Masse 21
   2.3 Bauteile bestimmen das Raumklima 22
      1. Schwere und leichte Bauteile. 23
      2. Qualität des Glases: Lichtdurchlässigkeit und Wärmedämm-Eigenschaften 23
      3. Qualität der massiven Bauteile: Auf
   den Wärmeschutz kommt es an 23
   2.4 Vom extremem zum
   ausgeglichenen Wintergarten-Klima 25

3. **Standortbestimmung:
   Glashaus-Typologie** 26
   3.1 Das Gewächshaus 26
   3.2 Der Wintergarten als Energiesystem 29
      Exkurs: Beispielhafte Vorhaben 34
   3.3 Der Wintergarten als Wohnraum 38

4. **Planung:
   Der Wintergarten-Entwurf** 42
   4.1 Baurecht beachten 42
      1. Baurechtliche Beurteilung
   von Wintergärten 42
      2. Brandschutz und Nachbarschaftsrecht 44
      3. Wintergarten und neue
   Wärmeschutzverordnung 46
      4. Schallschutz, Belüftung
   und Belichtung 48
      5. Aus der Genehmigungspraxis 48
   4.2 Nutzung klären und Standort
   untersuchen 52
   4.3 Anspruch und Wirklichkeit 56
      1. Die Pioniere 57
      2. Die Erben 62
   4.4 Besonderheiten:
   Was Wintergartennutzer erleben 68

5. Ausführung:	
Die Wintergarten-Konstruktion	**71**
5.1 Grundlagen der Konstruktion	71
5.2 Tragwerk: Materialien	74
1. Holz.	74
Exkurs: Holzschutz.	77
2. Aluminium.	81
3. Stahl.	82
4. Kunststoff.	83
5.3 Verglasung:	
Systeme und Techniken	83
Exkurs: Glas und Wärmeschutz	84
1. Einfachglas	85
2. Isolierglas	86
3. Funktionsglas	88
4. Verglasungstechnik	91
5. Verarbeitung von Kunststoff-Elementen	94
5.4 Verglasungsprofile und Dichtungen.	
1. Pfosten-Riegel-Konstruktion: Verglasungsprofile und -komponenten und ihre praktische Ausführung	96
2. Dichtsysteme: Material und Eigenschaften	99
1. Dichtstoffe	100
Exkurs: Primer	103
2. Dichtprofile	104
3. Dichtungsbänder	105
5.5 Konstruktionsbeispiele	106
1. Tragwerk Holz und Verglasung	106
2. Was eine gute Konstruktion auszeichnet	116
5.6 Bauliche und technische Ausstattung	116
1. Anschlußwände und Fußböden	
2. Technische Klimatisierung	120
3. Lüftung	121
4. Sonnenschutz.	126
5. Steuersysteme	134
6. Beheizung: Zusätzliche Wärmequellen	136
6. Bauschäden und woran man sie erkennt	**138**
6.1 Schadensanfälligkeit und Schadenshäufigkeit	138
6.2 Konstruktionsschäden	139
1. Planungsfehler.	140
2. Ausführungsfehler.	141
6.3 Gebrauchsschäden	150
Exkurs: Erkennen und Beurteilen von Sprungbildern	151
6.4 Gewährleistung und Versicherung	153
1. Versicherungen: Gefahren und Deckung	153
7. Pflanzen im Glashaus	**156**
7.1 Kleine Gewächshaus-Typologie	157
1. Das ungeheizte Gewächshaus	157
2. Das (gerade) frostfreie Gewächshaus	157
3. Das ständig warme Gewächshaus	158
7.2 Pflanzenauswahl	158
1. Welche Pflanzen sich eignen	158
2. Vorsicht Zimmerpflanzen	161
7.3 Pflege und Pflanzenschutz	161
1. Glashaus-Pflanzen im Winter	162
2. Pflanzenschutz im Gewächshaus	163
7.4 Klima im Gewächshaus	164
1. Lüftung und Verschattung	164
2. Sonstige Ausstattungen	165
7.5 Aus der Praxis	166
8. Quellenangaben	**171**

Dank

Unser Dank gilt all den Menschen, die über lange Jahre mit ihrem Wissen und ihrer Tatkraft dieses Buch erst möglich gemacht haben. Besonders erwähnen möchten wir:

Wulf Frauenhoff - Pionier der ersten Stunde;
Paul Bacher - Präzision und Umsetzung;
Rüdiger Knäuper - Grundlagen der Konstruktion;
Ingo Gabriel - kritischer Mentor;
Georg Ullrich - wandelnder Glassachverstand;
Fa. Geiger - Pflanzenkunde
Klaus Meuren - Freund und Helfer
Andrea Denzer - Graphik.

Außerdem möchten wir für die wohltuende Zuversicht und Geduld danken, die zahlreiche Bauherren und -frauen für uns aufbrachten.

1. Zielbestimmung: Wozu eigentlich ein Wintergarten?

Mit dem Begriff Wintergarten verbinden viele Menschen erst in zweiter Linie ein Bauwerk. Vielmehr ist er ein Sinnbild für Lebens- und Wohnqualität und Ausdruck der „Faszination Wohnen". Was dies aber genau bedeutet, läßt sich nur schwer beschreiben und noch schwerer konkret baulich umsetzen. Hier liegt ein Teil der Ursachen für die Schwierigkeiten beim Planungs- und Entwurfsprozeß und auch dafür, daß sich bei den Baufamilien nach den ersten Wohnerfahrungen nicht selten Enttäuschung einstellt.

„Das haben wir uns ganz anders gedacht", ist häufig zu hören, wenn sich die gewünschte Behaglichkeit im Glashaus nicht so recht einstellen will, wenn Pflanzen statt üppig zu gedeihen die Köpfe hängen lassen oder wenn die erwartete Energieeinsparung nicht nur ausbleibt, sondern sich gar ins Gegenteil verkehrt.

Solche Enttäuschungen sind die Folge zu hoher und vor allem falscher Erwartungen an das, was ein Wintergarten eigentlich ist und was er leisten kann. Wer hingegen weiß, wie komplex das System Glashaus ist und von welch wechselnden Einflußfaktoren es bestimmt wird, kann solchen unliebsamen Überraschungen wirksam vorbeugen. Wer sich als Wintergarten-Bewohner zudem als Teil dieses Systems begreift und lernt, daß und wie er selbst es nachhaltig in seinen Funktionen - im Positiven wie im Negativen - beeinflußt, wird mit den Stärken und Schwächen eines Glashauses leben können.

1.1 Marotte der Reichen und Mekka der Ökofreaks

Schon im letzten Jahrhundert waren Glashäuser ein Statussymbol für Wohlstand - und sind es heute wieder: teuer und architektonisch auffallend. Als der Wintergarten Anfang der achtziger Jahre seine Renaissance erlebte, geschah dies allerdings noch unter anderen Vorzeichen. Gerade umweltbewußte Bauherren machten den Wintergarten zu ihrem Symbol. Ähnlich wie die Solaranlage auf dem Dach repäsentierte der Glasanbau das ökologische Gewissen seiner Bewohner. Ein solcher Wintergarten war damals aus Holz gebaut, unbeheizt, alles andere als perfekt und selbstverständlich gezeichnet von Witterungseinflüssen und Gebrauch.

Heute ist das Spektrum der Wintergarten-Anhänger breiter geworden, sie sind mittlerweile in allen Bevölkerungsschichten zu finden. Dabei spielt ökologisches Gedankengut nach wie vor eine große Rolle, auch weiterhin ist das Glashaus sein vermeintlich wichtigster baulicher Ausdruck.

Doch es geht um mehr. Ein Wintergarten steht nicht allein für seine Funktion. Vielmehr steht er für eine ganze Reihe von Gefühlen und Wünschen seiner Bewohner - als „Logenplatz im Grünen", um nur ein Synonym zu nennen. Mit anderen Worten: Ein Wintergarten verheißt Komfort wie im Lehnstuhl, Exotik und „Abenteuer Wohnen", Pflanzenpracht wie am Mittelmeer, und das alles jederzeit verfügbar, sogar bei Wind und Wetter.

Tatsächlich hat ein Wintergarten Qualitäten wie kein anderer Raum. Er ist ein Bindeglied zwischen dem privaten „Drinnen" und dem öffentlichen „Draußen". In ihm läßt sich unmittelbar das Wettergeschehen - Regen, Schnee und Blitz - erleben, allerdings geschützt durch die Glashaut, sicher vor Gefahren: der perfekte Ausdruck für das „postmoderne Abenteuer mit begrenztem Risiko". [1]

Ob der Raum mit den Glaswänden alle diese Erwartungen und Funktionen tatsächlich und auf einmal erfüllen kann und vor allem zu welchem Preis, ist zunächst eine nebensächliche Frage. Mit Hilfe der Industrie technisch aufgerüstet, scheint ein Wintergarten alles zu können. Augenfälliges Zeichen für die gefühlsbestimmte Einstellung der Nutzer: Während Baufamilien für Sonnenkollektoren selbstverständlich eine Energiebilanz und eine Kosten/Nutzen-Rechnung einfordern, wird das Glashaus oft völlig unkritisch als perfekter zusätzlicher Energielieferant betrachtet.

1.1.1 *links*
Offene Architektur wird auch im Einfamilienhausbau zum Qualitätsmerkmal. Augenfällig: der Wintergarten.

1.1.2 *Mitte*
Wohnen im „botanischen Garten".
Foto: LOG-ID

1.1.3 *rechts*
Sonne und Schnee - Abenteuer Wohnen nah an der Natur.
Foto: I. Gabriel

1.2 Der Schwung der frühen Jahre: Ohne Abenteuerlust kein Fortschritt

Als ökologisch orientierte Architekten und Baufamilien den Wintergarten für sich entdeckten, waren die Hoffnungen groß: Der zusätzliche Gewinn kostenloser Sonnenenergie wurde zum Inbegriff für größtmögliche Lebens- und Wohnqualität. Allerdings, über allzu große Erfahrung verfügten weder Planer noch Ausführende. Wichtig war nur die Lust, Neues auszuprobieren, versehen mit einem hohen Anspruch, der durch die Realität bald eingeholt wurde - sowohl Konstruktion als auch Gebrauchstüchtigkeit ließen zu wünschen übrig und die Energieausbeute fiel am Ende auch noch meist deutlich geringer aus als erwartet. Für so manchen Abenteurer blieben da nur Spott und (Bau-)Schäden. Doch von der Risikobereitschaft der ersten Generation profitieren alle Nachfolger. Die Erfahrungen der Anfangszeit sind richtungsweisend für heutige Glashauskonzepte. Zwei Projekte von vielen

1.2.1 *links oben*
In der Ökosiedlung Kassel (1984) dient der Wintergarten als klassische Pufferzone.

1.2.2 *links unten*
Abenteuer Glas im Solarhaus Friedrichsfehn (1984). Foto: I. Gabriel

1.2.3 *rechts*
Arche Nova - Typisches Low-tech im Ökodesign der frühen Jahre.
Foto: K. Meuren

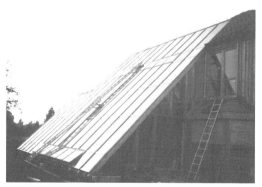

aus der frühen Phase des Wintergartenbaus werden später genauer vorgestellt und auf ihre Tauglichkeit untersucht (vgl. Kap. 4.4).

1.3 Ein Glashaus kann nicht alles

Inzwischen kennen Planer, Ausführende und Baufamilien den kardinalen Fehler der Anfangsjahre: die völlige emotionale und funktionale Überfrachtung des Bausystems Wintergartens. Dennoch sind die alten Mißverständnisse nicht auszuräumen. Immer noch soll der Wintergarten im Unterschied zu jedem anderen Raum eines Hauses gleich mehrere Funktionen erfüllen: Gewächshaus, Energiefänger und Wohnraum. Und das obwohl klar sein müßte, daß sich diese Nutzungen zumindest teilweise widersprechen. Das komplexe System Wintergarten kann auch bei bester Planung und Ausführung nur dann zufriedenstellend funktionieren, wenn die Auftraggeber zuvor klar definieren, was ihr spezieller Wintergarten leisten soll. Je nach Nutzung und Standort können erst dann geeignete Bauweisen sowie den spezifischen Anforderungen angepaßte Konstruktionen gewählt werden.

Im folgenden wurde das Schwergewicht auf praxisnahe und dem heutigen Wissensstand entsprechende Betrachtungen gelegt, um allen an der Entstehung eines Wintergartens Beteiligten ihren Entscheidungsprozeß zu erleichtern, um die Erfahrungen der Vergangenheit zu nutzen und um Fehler vermeiden zu helfen. Bauwillige müssen allerdings nach wie vor auf eigene Verantwortung und eigenes Risiko "ihren" Wintergartenbauer suchen. Die folgenden Ausführungen mögen aber hoffentlich dazu beitragen, die "richtigen" Fragen zu stellen und Angebote bezüglich Funktion und Konstruktion auf ihre Eignung zu überprüfen - und ob sie ihr Geld wert sind, denn die Kosten für den Wohntraum Wintergarten sind oft erheblich höher als gedacht.

1.2.4
Ein Projekt mit großer Wirkung auf die Öffentlichkeit war das „Wohnen im Gewächshaus" der Gruppe LOG-ID, vorgestellt 1981 auf der Landesgartenschau in Baden-Baden.
Foto: LOG-ID

1.3.1
Ein typischer Vertreter der alltäglichen Wintergarten-Architektur: Wohnqualität von der Stange.

2. Grundlagen: Das klimatische System Wintergarten

Ein Glashaus ist ein eigenes „klimatisches" System und unterliegt bestimmten, kalkulierbaren Bedingungen. Voraussetzung jeder Planung ist daher, die Wechselwirkungen im Wärme- und Feuchteverhalten zu kennen. Eine der wichtigsten Planungsaufgaben ist es, diese je nach Funktion des Wintergartens - als Gewächshaus, Wohnraum oder Energiefänger - durch Entwurf, Bauweise und Ausstattung zu steuern.

2.1 Der Wintergarten zur Energiegewinnung

2.1.1 Passive Sonnenenergie-Nutzung

„Licht bedeutet Wärme" heißt die einfache Gleichung, die auf die Beobachtung zurückgeht, daß Lichtstrahlen einen Gegenstand, auf den sie treffen, erwärmen. Sonnenlicht wird also in Wärmeenergie umgewandelt. Auch die Architektur macht sich diese Tatsache zunutze. Durch die Ausrichtung und Öffnung eines Gebäudes zur Sonne hin - durch große Fensterflächen etwa - liefert sie einen Teil der nötigen Energie zur Erwärmung der Innenräume. Im Unterschied zur aktiven Nutzung von Sonnenenergie durch thermische Kollektoren oder Solarzellen spricht man hier von passiver Sonnenenergie-Nutzung. Dabei spielt der Wintergarten als Bauteil mit besonders hohem Anteil an transparenten Flächen eine wichtige Rolle.

Physikalisch erklärt sich die Möglichkeit zur Nutzung der Sonne als Wärmelieferant so: Wenn kurzwellige Lichtstrahlung auf Materie trifft, wird sie von dieser aufgenommen und in langwellige Wärmestrahlung umgewandelt. Gute Absorber sind dunkle Flächen.

Trifft Licht auf helle Flächen, ist die Absorption geringer. Der Grund: Helle Materialien reflektieren einen Teil des Lichtes, der Anteil der Strahlung, die in Wärme umgewandelt wird, ist deshalb kleiner.

Wintergartenbewohner machen sich ein weiteres Phänomen, den *Treibhauseffekt*, zunutze. Durch die Glasflächen eines Gebäudes dringt Licht in den Innenraum. Dort wird es von den Absorberflächen in Wärmestrahlung umgewandelt. Da sie durch die Fenster nicht entweichen kann, heizen sich die Luft und die Oberflächen der direkt beschienenen Bauteile nach und nach auf.

Strahlungsintensität bei verschiedenen Wetterverhältnissen			
Himmel	☀	◌	◌ mit Wolke
Wetter	wolkenloser blauer Himmel	dunstig-wolkig Sonne als weiß-gelbe Scheibe sichtbar	wolkenbedeckter Himmel, trüber Tag
Globalstrahlung	600-800 W/m²	200-400 W/m²	200-400 W/m²
Diffusanteil	10-20 %	20-80 %	20-80 %

2.1.1
Die Strahlungsintensität der Sonne verändert sich ständig je nach Tages- und Jahreszeit und dem Wetter. Sie wird gemessen in Watt pro Quadratmeter (W/m²). [2]

Wie hoch die Temperaturen im Glashaus klettern, hängt zunächst davon ab, wie lange und in welcher Intensität der Raum vom Sonnenlicht beschienen wird. Ist der Himmel klar und scheint die Sonne direkt auf die Glasflächen, erwärmt er sich sehr schnell. Bei wolkenverhangenem Himmel erwärmt sich der Raum langsamer, allerdings bringt auch diffuse Strahlung Energiegewinne. Direkte und diffuse Himmelsstrahlung ergeben in ihrer Summe die sogenannte *Globalstrahlung*.

Ihre Energieleistung, gemessen in Watt und bezogen auf den Quadratmeter Absorberfläche, schwankt zwischen 50 Watt pro Quadratmeter (W/m²) an einem trüben Tag und 800 W/m² bei wolkenlosem Himmel (Abb. 2.1.1). Genauso wichtig wie die direkte Strahlung ist für den Wintergarten-Nutzer der jeweilige Anteil an diffuser Strahlung.

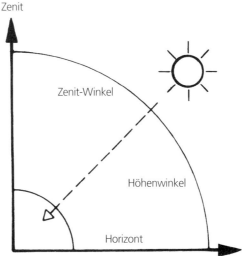

2.1.2
Der Zenitwinkel bei Tag- und Nachgleiche bestimmt den Breitengrad, der Höhenwinkel bestimmt den Sonnenstand über dem Horizont. [2]

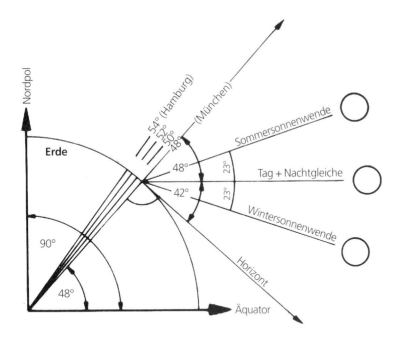 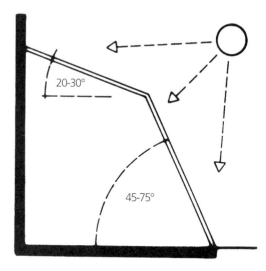

2.1.3 links
Von der Winter- bis zur Sommersonnenwende verändern sich die Sonnenstände jeweils um 23° zum Einstrahlungswinkel bei Tag- und Nachtgleiche. Der Sonnenstand für einen bestimmten Standort (Höhenwinkel) kann damit aus dem Breitengrad und der jahreszeitlichen Abweichung von der Tag- und Nachtgleiche berechnet werden. [2]

2.1.4 rechts
Optimale Neigung von Glasflächen bezogen auf die direkte Sonneneinstrahlung und damit größtmögliche Energieausbeute - ohne Berücksichtigung von Überhitzungserscheinungen.

Die Energieleistung der Sonne ist je nach Jahreszeit und Ort unterschiedlich. An einem Wintertag etwa trifft das Sonnenlicht in einem flacheren Winkel und nur für wenige Stunden auf die Erdoberfläche und wärmt entsprechend weniger intensiv. Im Sommer, wenn die Sonne sehr hoch und lange Zeit am Himmel steht, wird folglich viel Energie auf die Erde eingestrahlt. Zudem ist der Auftrittswinkel der Sonne in Hamburg, also auf dem 54. Breitengrad, ein anderer als in München, das auf dem 48. Breitengrad liegt (vgl. Abb 2.1.3). [2]

Wer also mit seinem Glashaus eine optimale Energieausbeute erzielen will, müßte zunächst die jährliche Globalstrahlung für den konkreten Standort ermitteln und dann die Neigung der Glasflächen so wählen, daß die Auftrittsfläche der Sonnenstrahlung übers Jahr gesehen die höchste Ausbeute verspricht. Im Unterschied zu Systemen zur aktiven Sonnenenergie-Nutzung, die möglichst das ganze Jahr hindurch eine maximale Energieausbeute anstreben, sollen Systeme zur passiven Sonnenenergie-Nutzung aber nur zu bestimmten Zeiten optimal funktionieren - vor allem in den Übergangszeiten und im Winter (Abb. 2.1.7). Die Auslegung und Ausrichtung eines Glashauses sollte sich daher auch an den zu diesen Zeiten herrschenden Einstrahlungsbedingungen orientieren. [2]

Sonnenenergie durch bauliche Maßnahmen nutzbar zu machen bedeutet, Glasflächen als Sonnenkollektoren, massive Wände und Fußböden als Wärmespeicher und die Raumluft als Wärmeverteiler einzusetzen. In der Folge entsteht im Gebäude, dem Wintergarten, ein eigenes klimatisches System, das die Bewohnbarkeit ebenso beinflußt wie die Anforderungen an seine Konstruktion.

2.1.2 Wärmeströme

Jede Bilanz, so auch die Energiebilanz des Wintergartens, hat zwei Seiten: Gewinne und Verluste. Den Wärmeströmen ins Glashaus hinein stehen Ströme aus dem Glashaus hinaus gegenüber: von innen nach außen, vom Glashaus ins Kernhaus und vom Kernhaus zurück ins Glashaus (Abb. 2.1.5).

Diese unterschiedlichen Wärmegewinne und -verluste sind Ursache für die klimatischen Extremsituationen, die im Wintergarten beobachtet werden: Temperaturen bis zu 70 Grad Celsius an heißen Sommertagen, wenn die Strahlungsgewinne hoch und die Verluste gering sind [3] und tiefe Minusgrade in kalten Winternächten. Solche Extremsituationen bestimmen das Spektrum der Nutzbarkeit: Sind die Wärmeströme im Wintergarten sehr ausgeprägt, unterliegt er häufigen und deutlichen Temperaturschwankungen. In der Folge ist entsprechend mit viel Feuchtigkeit durch kondensierende Raumluft zu rechnen, die sich zuerst meist an den Fenstern niederschlägt. Die Baukonstruktion des Wintergartens darf durch den zum Teil hohen Anfall von Tauwasser keinen Schaden nehmen (vgl. Kap. 2.1.4).

Welche Arten von Wärmeströmen im Wintergarten herrschen und ob dadurch extreme oder eher gemäßigte raumklimatische Bedingungen entstehen, wird beeinflußt von der Form, der Lage und der Anbindung des Wintergartens an das Kernhaus.

Ein eingeschossiger Wintergarten etwa, mit flach geneigtem Dach und weit ausladendem Baukörper, bietet viel Einstrahl-, aber auch viel Abstrahlfläche. Die Folge: Sein Klima ist wenig ausgeglichen, am Tag und im Sommer kann es sehr warm, in der Nacht und im Winter hin-

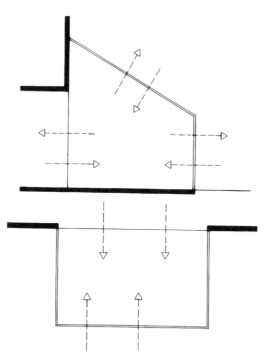

2.1.6
Grundriß und Schnitt eines Wintergartens: Wärmeströme zwischen Kernhaus, Glashaus und Außenbereich.

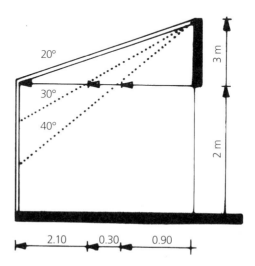

2.1.5
Schwierig wird die Optimierung der Dachneigung bei eingeschossigen Anbauten. Flache Dächer, die hohe Einstrahlung und Überhitzung zulassen, sind bei guter Raumnutzung kaum zu vermeiden
Quelle: GlasDokuSpezial. Schweiz. Institut für Glas am Bau, Zürich

2.1.7
Auswirkung der Dachform und Dachneigung auf die Wärmebilanz bei unterschiedlichen Sonnenständen.

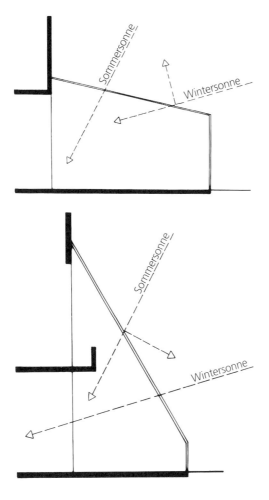

gegen sehr kalt werden. Anders das thermische Verhalten eines zweigeschossigen, steil geneigten Wintergartens. Hier wird zum einen ein anderes Strahlungsspektrum genutzt - die hochstehende Sommersonne wird reflektiert - zum anderen bietet er eine geringere Abstrahlfläche. Dies zumal dann, wenn er zwar steil und breit gebaut, seine Raumtiefe aber recht gering ist (Abb. 2.1.7).

Was Energiebilanz und klimatische Ausgeglichenheit betrifft, gilt deshalb: ein Wintergarten-Baukörper sollte besser eine geringe Raumtiefe haben, dafür aber möglicht hoch und breit sein. Bei niedrigen, weit herausragenden, eher kubischen Baukörpern muß mit höheren Energieverlusten und größeren Schwankungen der Raumtemperatur gerechnet werden.

2.1.3 Luftzirkulation: Luftbewegung und Luftstau im Glashaus

Treibhauseffekt und Wärmeströme sind nicht die einzigen Faktoren, die das Klima im Wintergarten bestimmen. Ebenso wichtig ist die Zirkulation der Luft im Glashaus. Durchzug im Sommer schützt vor Überhitzung, im Winter wird der Luftzug quer durch den Raum hingegen als äußerst unangenehm empfunden.

Ursache für die Bewegung der Raumluft ist das Phänomen der *natürlichen Lüftung*: Kalte Luft erwärmt sich und steigt aufgrund der Änderung seiner Dichte nach oben. Die warme Luft entweicht im oberen Bereich des Wintergartens, und durch den Auftrieb strömt kältere Luft von unten nach. Ein Vorgang, der auch als Kamineffekt bekannt ist.

Diese natürliche Luftströmung und damit der Luftaustausch in einem Raum funktionieren allerdings nur dann zufriedenstellend, wenn ein ausreichender Höhenunterschied gegeben ist. Der Raum muß also hoch genug sein, damit warme Luft auch aufsteigen kann, und die Zuluftöffnungen möglichst weit unten, die Abluftöffnungen müssen möglichst weit oben angebracht sein. Zweite Voraussetzung ist ein steiles Dach, denn eine flache Neigung behindert den Auftrieb. Zum bereits genannten Nachteil der flachen Dachneigung - sie ermöglicht zu viel Sonneneinstrahlung zur falschen Jahreszeit - kommt also hinzu, daß der natürliche Auftrieb im Raum behindert wird. Es sollte generell darauf geachtet werden, daß die freie Strömung nicht gestört wird, weder durch Einbauten noch durch die Lüftungsvorrichtung selbst, denn schon Lüftungsgitter beeinträchtigen die freie Strömung. Entscheidend ist außerdem die Größe der Öffnung, durch welche die Warmluft entweichen kann, also der Strömungsquerschnitt, sowie die Richtung, in die sie sich öffnet, von oben nach unten (1) oder umgekehrt (Abb. 2.1.8 und 2.1.9).

Diese Faktoren, also Raumhöhe, Größe und Anordnung der Zu- und Abluftöffnungen sowie das Raumvolumen, bestimmen die Luftzirkulation und den Luftwechsel. Faustregel: Die Abluftöffnungen sollten größer als die Zuluftöffnungen sein, denn nur so entsteht ein Sog, der einen Luftstau und damit eine Überhitzung verhindert. [2]

Außerdem gilt: Je größer die Temperaturunterschiede zwischen einströmender Luft und Raumluft sind, desto höher ist die Luftgeschwindigkeit und desto schneller wird Raumluft gegen Frischluft ausgetauscht. Im Sommer wird der ständige Luftaustausch als angenehm empfunden, im Winter allerdings, bei ohnehin niedrigeren Raumtemperaturen können schon eine geringe Luftbewegung und mäßige Luftgeschwindigkeit das Behaglichkeitsempfinden empfindlich beeinträchtigen (DIN 1946, Lüftungstechnische Anlagen).

Bei sachgerechter Baukonstruktion und Dimensionierung funktioniert die natürliche Lüftung im freistehenden Gewächshaus im allgemeinen problemlos. Schwieriger ist die Situation im typischen Wintergarten, der an ein

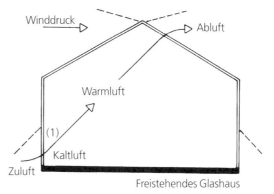

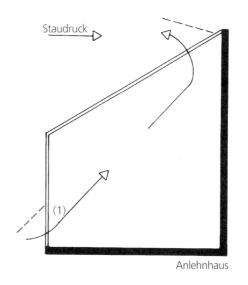

2.1.8
Einfluß von Dachneigung und Bauform auf die natürliche Luftströmung.

Wohnhaus angelehnt wird. Hier kann die Luftströmung auf vielfältige Weise behindert werden. Sie kann nicht mehr auf direktem Wege von der Zuluftöffnung (unten) zur gegenüberliegenden Abluftöffnung im Dach gelangen, sondern muß umgeleitet werden. Gleichzeitig

2.1.9
Natürliche Lüftung im Erwerbs-Gewächshausbau über groß dimensionierte Lüftungsklappen am First.

2.1.10
Die Öffnungsrichtung begünstigt die natürliche Lüftung.
(Foto: I. Gabriel)

Praxis-Tip:
Je kleiner das Oberflächen/Volumen-Verhältnis der Hausform ist und je besser der Wintergarten in das Haus eingebunden wird, umso geringer ist später der Einsatz von „Klimatechnik". Kleine Lüftungsklappen sind meist ausreichend.

wird der beim freistehenden Glashaus hilfreiche Winddruck zum Staudruck, der an den oberen Lüftungsklappen einen Rückstau der ausströmenden Raumluft bewirkt. In diesem Fall, also immer, wenn mit dem natürlichen Luftauftrieb keine ausreichende Durchlüftung erzielt werden kann, sind automatische Lüftungsanlagen erforderlich. Mittlerweile gibt es auf dem Markt eine große Auswahl an Ventilatoren unterschiedlicher Bauart (vgl. Kap. 5.3, Lüftung).

In welchem Umfang solche technischen Hilfsmittel eingesetzt werden müssen, wird dadurch bestimmt, welche Temperaturen im jeweiligen Glashaus entstehen. Je nach Standort und Bauform können Innentemperaturen bis zu 70 und 80°C entstehen, entsprechend wird die benötigte Lüftung ausgelegt. [3], [4]

2.1.4 Luftfeuchtigkeit: Besonderheiten im Glashaus

Das Thema Luftfeuchtigkeit und die Probleme, die sie im Glashaus verursachen kann, wurde bereits erwähnt. Im folgenden nun soll darauf etwas genauer eingegangen werden.

Wie sich anfallende Feuchtigkeit auf die Nutzbarkeit eines Glashauses auswirkt, hängt von der *relativen Luftfeuchte* im Raum ab. Diese setzt den *Feuchtegehalt* im Raum in Beziehung zur Temperatur der Raumluft: abhängig von der Temperatur kann Luft unterschiedlich viel Feuchtigkeit aufnehmen. Ist der jeweilige Sättigungspunkt erreicht, kondensiert die überzählige Feuchtigkeit aus. Ein Beispiel: Bei einer Temperatur von 20°C nimmt ein Kubikmeter Luft maximal 17 g Wasser - in Form von Wasserdampf - auf. Sinkt die Lufttemperatur um 5°C, zum Beispiel an kalten Fensterscheiben, kann die Luft nur noch knapp 13 g Wasser aufnehmen. Die Differenz von 4 g Wasser kondensiert, das anfallende Wasser muß abgeleitet werden. Eine andere Möglichkeit ist, die Feuchte auszulüften oder zu heizen. Beides führt allerdings zu Energieverlusten. [3], [5]

Der Feuchtehaushalt hat also viel mit den Temperaturverhältnissen im Glashaus zu tun (Abb. 2.1.11). Je stabiler sie sind, desto weniger Probleme mit anfallender Feuchtigkeit treten auf. Sind die klimatischen Bedingungen sehr unterschiedlich und unterliegt das Glashaus großen

Temperaturschwankungen, muß auch mit erheblichem Anfall von Feuchtigkeit im Glashaus gerechnet werden. Das beeinflußt nicht nur die Nutzungsmöglichkeiten des Wintergartens, sondern hat auch baukonstruktive Auswirkungen (vgl. Kap. 3. und Kap. 5).

2.2 Auf die Lage kommt es an

Die oben beschriebenen raumklimatischen Faktoren wie Treibhauseffekt, Wärmeströme, Luftzirkulation und relative Luftfeuchte funktionieren grundsätzlich in jedem Wintergarten gleich. In welcher Intensität sie aber das Klima im Glashaus bestimmen, läßt sich durch Entwurf und Planung steuern. Weiterhin in diesem Zusammenhang von Bedeutung sind die Orientierung des Wintergartens gemäß der Himmelsrichtung, seine An- oder Einbindung in das Wohnhaus und schließlich die Mischung aus massiven und transparenten Bauteilen.

2.2.1 Orientierung: Wie die Lage des Wintergartens sein Klima beeinflußt

Grundsätzlich sind für einen Wintergarten viele Standorte denkbar. Das Optimum aber und die am häufigsten anzutreffende Variante ist seine Ausrichtung nach Süden oder besser nach Südwesten. [2] Denn bei dieser Orientierung sind das Sonnenangebot, die Strahlungsintensität und der Temperaturverlauf über den Tag hin gesehen am günstigsten. Die Temperaturspitze wird hier am Abend erreicht, nachdem das Glashaus den ganzen Tag lang bestrahlt wurde.

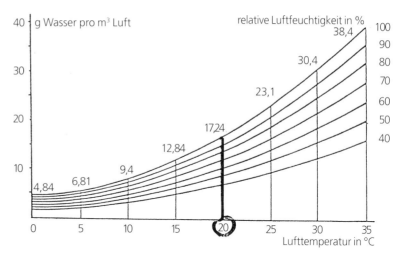

Maximaler Feuchtigkeitsgehalt der Luft in Abhängigkeit von der Temperatur					
t_ [°C]	Feuchtigkeitsgehalt [g/m³]	t [°C]	Feuchtigkeitsgehalt [g/m³]	t [°C]	Feuchtigkeitsgehalt [g/m³]
-20	1,05	6	7,28	25	22,93
-15	1,58	8	8,28	26	24,24
-10	2,30	10	9,39	28	27,09
-8	2,69	12	10,64	30	30,21
-6	3,13	14	12,03	32	33,64
-4	3,64	16	13,59	34	37,40
-2	4,22	18	15,31	38	41,51
±0	4,98	20	17,22	39	46,00
2	5,60	22	19,33	40	50,91
4	6,39	24	21,68		

2.1.11
Das Taupunkt-Diagramm zeigt den Zusammenhang von Temperatur und Feuchtigkeitsgehalt der Luft.
Warme Luft nimmt mehr Feuchtigkeit auf als kalte. So nimmt 20gradige Raumluft ca. 17 g/m³ auf, bei 8°C sind es nur noch 8 g/m³. Die Differenz beträgt beispielsweise bei einem Wintergarten von 45 m³ Raumgröße ca. 500 g Feuchtigkeit, die ständig irgendwo an den kältesten Stellen des Wintergartens ausgefällt werden.

2.2.1
Lage und Anbindungen des Wintergartens bestimmen das Spektrum der Temperaturen im Glashaus.

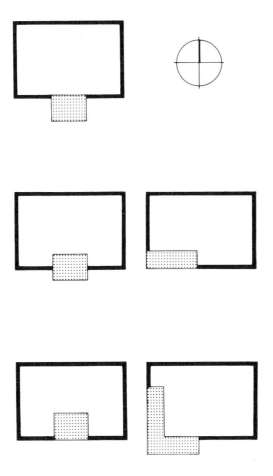

Weniger geeignet ist die Ostlage: Am Vormittag hat die Sonne noch geringe Kraft, Energiegewinn und Wärmeleistung sind verhältnismäßig niedrig, der Nutzungszeitraum eingeschränkt.

Bei Nordwintergärten kann zwar nur diffuse Einstrahlung genutzt werden, bei geschickter Konstruktion - möglichst noch so weit ausladend, daß zumindest ein wenig direkte Strahlung eingefangen wird - können sie thermisch gesehen allerdings die stabilste Variante sein. [6]

2.2.2 Einbindung: Vom Anlehnhaus zum integrierten Wohnraum

Wie der Wintergarten ins Kernhaus eingebunden wird, hat entscheidenden Einfluß auf sein späteres energetisches Verhalten. Denn über die Einbindung des Glashauses in das Gebäude lassen sich thermische Extremsituationen mindern oder verstärken. [6]

Grundsätzlich gilt: je exponierter der Wintergarten, desto größer die Schwankungsbreite des Raumklimas. Dies kann von Überhitzung im Sommer bis zur Frostgefährdung im Winter reichen, was nicht nur die Nutzbarkeit des Wintergartens selbst einschränkt, sondern auch klimatische Auswirkungen auf das Kernhaus hat. Die Wechselwirkung zwischen Glas- und Kernhaus läßt sich leicht nachvollziehen. Je stärker sich der Wintergarten aufheizt, desto höher ist auch die Wärmelast im Kernhaus. Je mehr er sich abkühlt, desto größer die Menge kalter Luft, die in das Kernhaus strömt. Diese Wechselwirkung sollte nicht unterschätzt werden - unabhängig davon, welche Nutzung für das jeweilige Glashaus vorgesehen ist.

Wem es in erster Linie um passive Sonnenenergie-Nutzung geht, sollte dafür sorgen, daß die tagsüber gewonnene Energiemenge nicht abends über allzu große Abstrahlflächen verlorengeht (vgl. Kap. 2.1.2). Ein weit vorgelagertes Glashaus ist daher nicht die ideale Lösung. Die Wärmegewinne eines teilweise oder vollständig integrierten Wintergartens hingegen

2.2.2
Flache Neigungen schaffen Raum, aber auch extreme Temperaturschwankungen im Wintergarten.
Foto: E. Meuvo

2.2.3
Die Integration des Wintergartens in das Gebäude ermöglicht vielfältige Nutzungen bei relativ ausgeglichenen raumklimatischen Bedingungen.
Foto: I. Gabriel

2.2.4
Grundriß und Schnitt (siehe Abb. 2.2.3) des gut in die Wohnabläufe integrierten Wintergartens.
(Zeichnung: I. Gabriel)

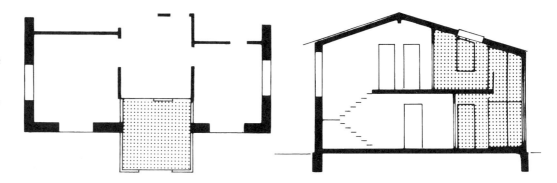

2.2.5 *links*
Ein thermisch selbständiges System ist dieser integrierte Wintergarten. Sowohl Wintergarten als auch die dahinterliegenden Wohnräume können getrennt über die Lüftungsklappen im Dach entlüftet werden.

2.2.6 *rechts*
Die Glaswand zwischen erstem Obergeschoß und Wintergarten kann über Fenster geöffnet und geschlossen werden.

2.2.7
Schnitt durch den thermisch getrennten Wintergarten.
Zeichnung: Architekturbüro Reißbrett, Mechernich

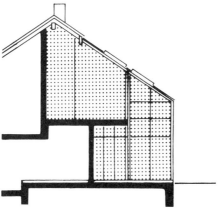

können nach und nach im Kernhaus genutzt werden. Voraussetzung ist allerdings, daß der Wintergarten thermisch sowohl getrennt als auch mit dem Kernhaus verbunden sein kann. [1]

Kennzeichen der thermischen Trennung ist, daß sich das System Wintergarten einerseits unabhängig nutzen läßt, aber auch zur Wärmeversorgung oder Wohnraumerweiterung in das Kernhaus einbezogen werden kann. Eine thermische Trennung läßt sich recht einfach durch den Einbau von Glastüren zwischen

nicht transparenter Anteil der Schräge	Einsparung [kWh]	[%]	nicht transparenter Anteil der Schräge	Einsparung [kWh]	[%]	nicht transparenter Anteil der Schräge	Einsparung [kWh]	[%]
0 %	1670	-13,6	36 %	1452	-11,8	100 %	237	-1,9

2.2.8 *oben*
Einfluß des nichtverglasten Anteils in der Dachschräge des nach Süden orientierten Wintergartens auf die Heizenergieeinsparung des Kernhauses im Vergleich zu einem Haus ohne Glasvorbau. Für den Wintergarten selbst gelten andere, komplexere Betrachtungen [12]

2.2.9 *unten*
Transparente und massive Bauteile bestimmen den Lichteinfall in das Glas- und Kernhaus.

Wintergarten und Haus herstellen, die je nach Situation geöffnet oder geschlossen werden (vgl. Abb. 2.25 bis 2.2.7, Beispiel eines integrierten Wintergartens in Kap. 3.2).

2.2.3 Transparenz und Masse

Neben Lage und Einbindung bestimmt auch das Verhältnis von Glasflächen zum Anteil massiver Bauteile das Klima und die Nutzungsdauer des Wintergartens. Als Faustregel gilt: Je mehr massive Bauteile, desto stabiler die raumklimatischen Verhältnisse. Ein in das Kernhaus integrierter Wintergarten mit massivem Dach wird weniger Probleme durch Überhitzung oder Wärmeverluste verursachen als ein vorgebauter und vollständig verglaster. Als "guter Kompromiß" sind Kombinationen aus transparenten und teilweise massiven Flächen möglich, z.B. Wintergärten, deren Dach nur im unteren Drittel verglast ist (vgl. Kap. 3.2 und Kap. 4.3). [7]

Neben dem Raumklima läßt sich durch die Kombination aus Transparenz und Masse auch der Lichteinfall ins Glashaus lenken. Je nach Standort, Orientierung und Anbindung

2.3.1
Die Ziegelwand dient als Wärmespeicher, der Holzboden bleibt das ganze Jahr über fußwarm.
(Foto: I. Gabriel)

entstehen so zu jeder Jahreszeit andere Lichtverhältnisse im Wintergarten und im dahinter liegenden Kernhaus.

2.3 Bauteile bestimmen das Raumklima

Auf welche Weise physikalische Gegebenheiten wie Wärmegewinne und -verluste, Luftzirkulation und Luftfeuchtigkeit, aber auch planerische Faktoren wie Lage und Einbindung das Klima im Glashaus beeinflussen, ist bereits geschildert worden. Außerdem ist das zu erwartende Raumklima im Wintergarten aber auch von der Art und Qualität der Bauteile selbst abhängig. Dabei geht es nicht nur um den Gegensatz von Transparenz und Masse, sondern auch um die Unterscheidung zwischen schweren und leichten Bauteilen.

2.3.1 Schwere und leichte Bauteile

Während schwere Bauteile wie Mauerwerk und Steinfußböden Wärme, aber auch Kälte, speichern, kann mit leichten Bauteilen wie etwa Holzständerwerken in Umschließungswänden oder Holzböden schon bei recht geringen Stärken eine gute Wärmedämmwirkung erzielt werden. Glas als leichtes und transparentes Bauteil zugleich sorgt für den nötigen Licht- und Wärmeeinfall, schützt dafür aber nur verhältnismäßig wenig vor Wärmeverlusten.

Je nach Kombination schwerer und leichter Bauteile entwickelt sich das Raumklima im Glashaus sehr unterschiedlich. Je höher der Anteil leichter Bauteile, desto weniger Wärme wird der Wintergarten speichern können. Je größer hingegen der Anteil schwerer Bauteile, desto höher die Speicherkapazität und desto ausgeglichener das Klima. [2]

2.3.2 Qualität des Glases: Lichtdurchlässigkeit und Wärmedämm-Eigenschaften

Wegen seines großen Flächenanteils hat die Glasqualität wesentlichen Einfluß auf die Energiebilanz, Minimal- und Maximaltemperatur und auf die Luftfeuchtigkeit im Wintergarten. Es kommen drei Glasarten in Frage: Einfachglas, Isolierglas und Wärmeschutzglas mit Zusatzfunktionen je nach Situation und vorgesehener Nutzung des Glashauses. Unterschiede bestehen in erster Linie bezüglich Lichtdurchlässigkeit und Wärmedämm-Eigenschaften des Glases. Vereinfacht läßt sich sagen: je höher die Lichtdurchlässigkeit, desto geringer die Wärmedämmfähigkeit des Glases. Eine vier Millimeter starke Einfachverglasung etwa läßt mehr als 90 % des Lichtes passieren. Ihr k-Wert jedoch liegt bei 5,8 W/m²K - das ist mehr als elfmal schlechter als die Wärmeschutz-Verordnung von 1995 durchschnittlich für Außenbauteile zuläßt. Ein Zweischeiben-Isolierglas hingegen, das durch seine zusätzliche metallische Beschichtung zum Wärmeschutzglas wird, erreicht k-Werte von 0,9 bis 1,5 W/m²K, schützt also schon sehr gut vor Wärmeverlusten. Dies allerdings gelingt nur auf Kosten der Lichtdurchlässigkeit. Sie liegt bei einem Zweischeiben-Wärmeschutzglas bei etwa 60 %.

Neben dem Wärmedurchgangskoeffizienten, dem genannten k-Wert, und der Lichtdurchlässigkeit ist bei der Beurteilung von Glasqualitäten auch der sogenannte g-Wert von Bedeutung. Er bezeichnet die Gesamtenergiedurchlässigkeit eines Stoffes und wird in Prozent ausgedrückt. Dabei bildet der g-Wert die Summe aus zwei Energiemengen: derjenigen, die auf direktem Weg durch eine Glasscheibe hindurchdringt und der sogenannten sekundären Wärmeabgabe, die von der Scheibe ins Rauminnere abgestrahlt wird. [5]

Bei der Beurteilung von Glasqualitäten müssen also drei Faktoren ins Verhältnis gesetzt werden: der Wärmedurchgangskoeffizient (k-Wert), die Gesamtenergiedurchlässigkeit (g-Wert) und die Lichtdurchlässigkeit.

Die konkreten Folgen für die Nutzung eines Glashauses lassen sich leicht erkennen: Ein typisches Gewächshaus benötigt vor allem Licht, daher können hier Wärmeverluste eher toleriert werden. Bei Wintergärten zur passiven Sonnenenergie-Nutzung ist zwar eine hohe Licht- und Gesamtenergiedurchlässigkeit erforderlich, andererseits müssen gerade hier Energieverluste minimiert werden. Der Einsatz von Zweischeiben-Isoliergläsern ist daher heute allgemein üblich. Neuer Standard wird in Zukunft die Verwendung von Wärmeschutzglas sein; dieses ist besonders dann sinnvoll, wenn ein Glashaus auch bewohnt werden soll (vgl. Kap. 4.1 und Kap. 5.3).

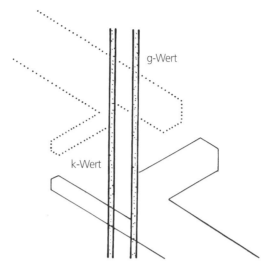

2.3.2
Hohe Lichtdurchlässigkeit bei gleichzeitig geringem Wärmeverlust optimiert die Energiebilanz. [5]

2.3.3 Qualität der massiven Bauteile: Auf den Wärmeschutz kommt es an

Nicht nur das quantitative Verhältnis von massiven zu transparenten Bauteilen bestimmt das Raumklima eines Wintergartens, sondern auch die Qualität seiner massiven Bauteile. Bei der Planung sollte grundsätzlich ein ausreichender Wärmeschutz im Vordergrund stehen. Denn geringe Wärmeverluste verbessern die Energiebilanz eines Glashauses und vermeiden extreme Schwankungen des Raumklimas. Bei der Entscheidung für schweres Mauerwerk oder

2.3.3 *links*
Eine alternative Bauform ist der Wintergarten mit massivem Satteldach und Spitzgiebel.

2.3.4 *rechts*
Die besondere Qualität: Lebhaftes Lichtspiel - entstanden durch die Kombination von Transparenz und Masse.

eine leichte, hochwärmegedämmte Holzständerkonstruktion spielt die Frage der Wärmespeicher-Kapazität die entscheidende Rolle. Denn hier haben die bezüglich des k-Wertes meist vorteilhafteren Holzständerkonstruktionen ihre Schwächen. Nun ist aber die Speicherfähigkeit der Bauteile im Glashaus nicht zu unterschätzen: Je länger in den Abend hinein Wärme in den Raum abgegeben wird, desto günstiger ist dies für die Energiebilanz und die Bewohnbarkeit. Meist ist daher eine Kombination von schweren und leichten Bauteilen der Königsweg, etwa indem leichte Holzständerwände durch einen massiven Steinfußboden ergänzt werden.

Was den Feuchteausgleich betrifft, gibt es gegenüber der leichten Bauweise immer wieder Vorbehalte. Diese Wände „atmeten" nicht, heißt es. Nach heutigem Stand der Technik allerdings gilt eine innenliegende Wandverkleidung aus Gipsbauplatten hinsichtlich der Feuchteregulierung als völlig ausreichend (Vgl. Kap. 5.3.).

2.4.1 *links*
Eine durchdachte Planung und sorgfältige Bauausführung vereinfachen die Klimatisierung: Hier bietet das massive, überstehende Dach einen guten Sonnen- und Wärmeschutz.

2.4.2 *rechts*
Bauliche Optimierung mit einfachen Mitteln: durch Öffnen der Glaswände wird der Wintergarten zum Balkon - und umgekehrt.

2.4 Vom extremem zum ausgeglichenen Wintergarten-Klima

Das Glashaus als komplexes raumklimatisches System zu begreifen und seine wichtigsten Bestimmungsfaktoren zu kennen, ist die Voraussetzung für jede funktionsgerechte Wintergarten-Planung. Das Zusammenspiel aller Einflüsse und Phänomene wie eingestrahlte Sonnenenergie, Wärmeströme, Luftzirkulation und Luftfeuchtigkeit kann der Planer/die Planerin steuern: zunächst durch die Auswahl von Standort, Lage und Einbindung des Wintergartens in das Kernhaus. Zudem ist das spätere Raumklima von der Baukonstruktion und Wahl der Materialien abhängig. Wie hoch der Anteil der Glasflächen insgesamt ist, ob das Dach verglast, massiv oder teilmassiv ausgeführt wird, welche Wärmedämm-Eigenschaften das Glas hat, wie hoch seine Lichtdurchlässigkeit ist und schließlich wie gut die massiven Bauteile gegen Wärmeverluste schützen und gleichzeitig Wärme speichern, das alles wird das Klima im Glashaus beeinflussen.

Bei der Entscheidung für die eine oder andere Ausführung ist dabei immer die Frage wichtig, welche Nutzung für das Glashaus vorgesehen wird. Je vielfältiger die Anforderungen sind, je länger und vielfältiger das Glashaus übers ganze Jahr genutzt werden soll, desto stabiler müssen die klimatischen Bedingungen ausgelegt werden. Ist hingegen von vornherein nur eine zeitlich stark begrenzte oder auf einen Zweck hin orientierte Nutzung vorgesehen - etwa als Gewächshaus oder zur passiven Sonnenenergienutzung - desto eher können klimatische Extreme toleriert werden.

Die optimale Lösung aber wird in den seltensten Fälle zu finden sein. Dies zumal dann, wenn der Wintergarten an ein bestehendes Gebäude angebaut wird, wenn die gewünschte Lage und Orientierung etwa aus baurechtlichen oder örtlichen Gegebenheiten nicht möglich ist oder wenn schlicht aus Kostengründen auf eine aufwendigere Ausführung verzichtet werden muß.

3. Standortbestimmung: Glashaus-Typologie

Ein Wintergarten kann nicht alles, heißt die wichtigste Erkenntnis für Planer und Bauherrschaft. Die entscheidende Aufgabe noch vor der Entwurfsplanung oder gar Ausführung besteht deshalb darin, die spätere Nutzung des Glashauses festzulegen.

In der Praxis hat sich die Unterscheidung in drei Wintergarten-Typen als sinnvoll erwiesen:

- das Gewächshaus zur Pflanzenzucht,
- das Energiesystem zur passiven Sonnenenergie-Nutzung,
- der Wohnraum als zusätzliches Zimmer mit Aussicht.

Jede der drei Glashaus-Arten stellt andere Anforderungen an Entwurf, Konstruktion und Ausführung: Ein Klima etwa, in dem Pflanzen prächtig unter dem Glasdach gedeihen, wird für Menschen schnell unerträglich. Soll der Wintergarten aber möglichst effizient Sonnenenergie gewinnen, stört jeder Bewohner - ob Pflanze oder Zweibeiner. Oder: Ein Glashaus, in dem ständig hohe Luftfeuchtigkeit anfällt, muß vor Freuchteschäden anders geschützt werden als der Wintergarten mit ausgeglichenem Klima und geringeren Temperaturschwankungen.

Steuern läßt sich dieses raumklimatische Verhalten und folglich die spätere Nutzung durch eine Reihe von Faktoren. Die wichtigsten sind: Standort, Bauweise, Form, Anbindung ans Kernhaus, Glasarten und Konstruktion (vgl. Kap. 2). Diese Faktoren allerdings jeweils einzeln und in ihrem Zusammenspiel auf den individuellen Ort abzustimmen setzt voraus, daß die späteren Bewohner ebenso wie Planer oder Architekten eine Vorstellung davon bekommen, wie sich ein Wintergarten je nach Nutzungsschwerpunkt energetisch und raumklimatisch voraussichtlich verhalten wird. [1]

3.1 Das Gewächshaus

Wie der Name schon sagt: die klassische Aufgabe des Wintergartens war und ist die Pflanzenzucht. Vor allem Exoten werden gern unter Glas gehalten, denn nur dort läßt sich ein Klima erzeugen, das dem des Herkunftslandes ähnelt.

Licht und Wärme vor allem sind es, was diese Pflanzen brauchen. Wichtigstes Merkmal des Gewächshauses ist daher ein hoher Anteil an Glasflächen: Von möglichst vielen Seiten und in ausreichender Menge soll helles und wärmendes Sonnenlicht in das Gewächshaus dringen. Ein Wintergarten zur Pflanzenzucht wird daher meist nur an die Hauswand „angelehnt", eine Einbindung in das Kernhaus bis hin zur vollständigen Integration wird bei einer solchen Nutzung gewöhnlich nicht in Erwägung gezogen.

3.1.1 *oben links*
Ein nach den Sonnenständen optimiertes Glashaus zur Pflanzenzucht mit flachem Hauptdach und geneigter Südfassade.

3.1.2 *oben rechts*
Vorgehängter Glaserker als Gewächshaus mit ungedämmten Stahlprofilen.

3.1.3 *unten links*
Der einfach verglaste Innenhof dient als Pufferzone, zur Erschließung der einzelnen Wohnungen und als zeitweiliger Aufenthaltsraum.

3.1.4 *unten rechts*
Die Balkone der einzelnen Wohnungen öffnen sich zum üppig begrünten Innenhof.

Stickige, feuchte Hitze ist Gift für die meisten Gewächse. Die zweite Regel beim Gewächshausbau lautet deshalb: Pflanzen brauchen Luft und daher eine ausreichende Raumhöhe.

Um hohe Einstrahlung und ein ausreichendes Luftvolumen zu erreichen, empfiehlt sich für Gewächshäuser mit Sommernutzung - also bei hochstehender Sonne - eine flache Dachneigung zwischen 20 und 30 Grad und/oder Außenwände mit einer Neigung von 60 Grad für tiefstehende Wintersonne. [2] Für Gewächshäuser mit Nutzungsschwerpunkt im Winter und in Übergangszeiten ist hingegen eine steile Dachneigung sinnvoll (Abb. 3.1.5).

Die Probleme, die ein Gewächshaus mit sich bringt, sind schnell erkannt: Ein hoher Anteil an Glasflächen bedeutet nicht nur Licht- und

Wärmegewinne am Tag, sondern auch Wärmeverluste in der Nacht und an trüben Wintertagen. Gleichzeitig Pflanzen zu züchten und Energie zu sparen ist im Gewächshauses also nahezu unmöglich. Negativ auf die Energiebilanz wirkt sich auch aus, daß viele exotische Gewächse schon bei Temperaturen nahe des Gefrierpunktes Schaden nehmen. Wer also in Gegenden lebt, in denen die Winter klirrend kalt werden, wird auf die Beheizung seines Gewächshauses nicht verzichten können.

Umgekehrt kommt es im Sommer recht schnell zur Überhitzung des Glashauses - ein Effekt, den die meisten Pflanzen ebenso übel nehmen wie zu große Kälte (vgl. Kap. 7.3.1). Das Gewächshaus muß daher be- und entlüftet werden und Möglichkeiten zur Verschattung haben. Als Grundregel gilt: 20 Prozent der Glasfläche sollten zur Be- und Entlüftung vorgesehen werden. [8]

Mildern lassen sich sehr große Temperaturschwankungen auch im Gewächshaus durch massive Bauteile. Die Hauswand etwa oder ein keramischer Fußbodenbelag speichern die Wärme und geben sie nach und nach an den Raum wieder ab, er kühlt langsamer aus.
Und dennoch: ein ausgeglichenes Klima wird im Gewächshaus nie herrschen. Aufgrund seines hohen Anteils an Glasflächen ist es der Wintergartentyp mit den größtmöglichen Temperaturunterschieden. Entsprechend ist sein Nutzungszeitraum sehr eingeschränkt.

Zur Konstruktion: Da ein Gewächshaus zur Energiegewinnung wenig geeignet ist, müssen gewöhnlich auch nicht allzu hohe Anforderungen an die Wärmedämm-Qualität des Glases gestellt werden. Einfachfenster für die senkrechte und Sicherheitsglas für alle Schrägverglasungen sind mitunter ausreichend, Mehrfachverglasung allerdings durchaus üblich.
Anders der Aufwand beim Tragwerk: Aufgrund der hohen Luftfeuchtigkeit im Gewächshaus muß es besonders vor Schäden geschützt werden. Wichtigste Anforderung: anfallendes Tauwasser muß abgeleitet werden. Aus diesem Grund ist ein Tragwerk aus Holz nicht empfehlenswert: Bei offenporigen Anstrichen quillt Holz schon bei geringen Mengen stehenden Wassers, es kommt rasch zu Feuchteschäden, die Oberfläche wird schnell angegriffen (vgl. Kap. 6).

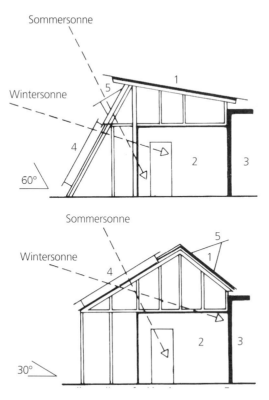

3.1.5
Zwei Gewächshaus-Entwürfe für den gleichen Standort. Sie werden sich deutlich unterscheiden: im Energiegewinn, ihrer thermischen Ausgeglichenheit aufgrund unterschiedlicher Umschließungsflächen und dem technischen Aufwand zur Klimatisierung.

1 massives Dach
2 massive Wand
3 Geländekante
4 Verschattung
5 Lüftung

Ideales Konstruktions-Material für Gewächshäuser ist Metall, sei es in Form einfacher T-Profile oder als thermisch getrenntes High-Tech-System (vgl. Kap. 5.2).

Ob aber Tomaten bis Weihnachten oder die Kakteenzucht das Ziel aller Wünsche ist: Die Frage, in welcher Art von Gewächshaus welche Pflanzen am besten gedeihen, gleicht jener von Henne oder Ei. Wie so oft, ist auch dies eine Sache von Wechselwirkungen. Die Form bestimmt die Bepflanzung ebenso, wie die Bepflanzung die Form bestimmt (vgl. Kap. 7).

Merkmale Gewächshaus:
- großflächige Verglasung
- kaum Einbindung in das Kernhaus
- eher geringe Dachneigung
- genügend großer Luftraum über der Bepflanzung
- gute Lüftungs- und Verschattungsmöglichkeiten
- Heizung als Option
- große klimatische Schwankungen

3.2 Der Wintergarten als Energiesystem

Nirgendwo klaffen Wunsch und Wirklichkeit so weit auseinander wie bei den Erwartungen über das zukünftige energetische Verhalten eines Wintergartens. Energiegewinne scheinen in den Vorstellungen vieler Bauwilligen und Planer grundsätzlich bei jedem Glashaus inbegriffen zu sein (vgl. Kap. 4.3.1). Gemäß der Beurteilung eines Altvorderen des Glashausbaus entspricht „der energetische Nutzen der meisten Wintergärten dem von ein paar Eimern warmen Wassers".
Unwidersprochen ist, daß mit einem Wintergarten Sonnenenergie gewonnen werden kann. Wieviel allerdings und inwieweit sie überhaupt genutzt werden kann, hängt von vielen Faktoren vor Ort ab, u.a. auch vom Nutzerverhalten.

Merkmal der passiven Sonnenenergienutzung ist eine Optimierung der baulichen Maßnahmen, um einen möglichst hohen Energiegewinn im Winter und in den Übergangszeiten zu erzielen (vgl. Kap. 2). Nach Nutzung und Bauart werden zwei Typen unterschieden: Der Wintergarten als *Energiepuffer* oder als *Warmluftkollektor*.

Vor dem Wohnraum angeordnet, wirkt ein Wintergarten als *energetischer Puffer*, unabhängig von der Himmelsrichtung [6]. Eine solche nicht beheizte Zwischenzone verringert den Wärmeverlust der dahinterliegenden Räume. Vorausgesetzt, sie wird nur temporär genutzt und wurde gut zur Sonne hin orientiert, sind durchaus beachtliche Wärmegewinne möglich (vgl. Kap. 4.3). Damit die Abkühlung im Wintergarten nicht zu groß werden kann, sollte er in seiner Form nicht sehr tief, sondern eher breit und hoch sein. Vorteilhaft ist die Einbindung in den Gesamtbaukörper (vgl. Exkurs Beispiel 2).

3.2.1
Geringe Tiefe, große Höhe, keine Bepflanzung: ein typischer klimatischer Puffer zur solaren Energiegewinnung.

Beim Glashaus als *Warmluftkollektor* sind eine Reihe wohlüberlegter baulicher und technischer Maßnahmen erforderlich: Südlage, steile Glasflächen, Zweigeschossigkeit und gezielte Luftführung, um nur die wichtigsten zu nennen.

Wie hoch die solaren Wärmegewinne sind, hängt zunächst von der Größe der verglasten Südfläche ab. Denn sie spielt eine entscheidende Rolle bei der Bestimmung des Jahres-Heizwärmebedarfs, der Grundlage aller Messungen und Berechnungen zur energetischen Wirksamkeit von Verglasungen, also auch Wintergärten. Wichtigster Parameter ist dabei der Fassadenüberdeckungsgrad: das Verhältnis von transparenten zu massiven Außenflächen. Frühere optimistische Annahmen, daß eine lineare Erhöhung der Glasflächen nach Süden zu stets steigenden Strahlungsgewinnen führen würde, mußten revidiert werden. Realistischere Berechnungsverfahren zeigen, daß bis zu einem Anteil von ca 40 Prozent Südglasflächen der Jahres-Heizwärmebedarf stetig sinkt, danach nimmt er sogar wieder zu. [9]

Aufgrund dessen wurden in der gültigen Wärmeschutzverordnung (1.1.1995) die solaren Wärmegewinne nach oben begrenzt. Sie dürfen auf der Südfassade nur bis zu einem Fensterflächenanteil von zwei Dritteln der Fassadenfläche berücksichtigt werden [10], wobei Kritiker diese Annahmen noch immer für zu optimistisch halten. [9], [11]

Berechnungen und Meßergebnisse aus den 80er Jahren stellten für Häuser mit Wintergärten Heizenergie-Einsparungen zwischen 7 und 40 Prozent zu vergleichbaren Gebäuden ohne Glashaus fest. Die Ergebnisse allerdings müssen objektabhängig betrachtet und bewertet werden und lassen keine allgemeingültigen Aussagen zu. Die besten Ergebnisse wurden unter folgenden Vorausetzungen erzielt: unbeheizter Wintergarten, thermische Trennung vom Haupthaus und temporäre Nutzung. [12], [13], [14]

Theorie und Praxis:

Der meist niedrige energetische Wirkungsgrad von Glashäusern liegt zum einen in der geringen Wärmekapazität von Luft begründet - große Umwälzungen mit relativ wenig Wärmegehalt - und zum anderen in dem mangelhaften Wärmeübergang von Luft auf Speichermedien wie Metall und Stein [2]. Unangenehme Begleiterscheinung ist dabei oft der hohe Feuchtegehalt bei relativ niedrigen Lufttemperaturen. Wird diese Luft durch Kanäle oder Hypokausten geführt, kann bei Abkühlung Kondensat entstehen und daraus folglich auch Algenbildung.

Übereinstimmung herrscht in allen Forschungen über das *angepaßte Nutzerverhalten*, das wesentlich über Energieeinsparung oder -verschwendung entscheidet. [14], [12], [13]

	Maßnahme	Nebenaspekt
1	Dämmung der Gebäudehülle	Abstimmung der Einzelmaßnahmen, Beachtung der Kombinationsmöglichkeit;
	- Priorität nach Flächenanteil des Außenbauteils - Beachtung aller Außenflächen - Beachtung baukonstruktiver Grenzen - Vermeidung von Wärmebrücken	keine Extremwerte nötig, Beachtung von Wärmebrücken
2	Bedarfsgerechte Auslegung des Heizungssystems (Vermeidung von Überdimensionierung) - Auswahl des Heizungssystems unter Beachtung des Entwicklungsstandes - Niedertemperatursystem - gute Regelung	Wahl der Heizflächen von untergeordneter Bedeutung
3	Minmierung der Lüftungswärmeverluste unter Beachtung von Mindestluftwechsel - Dichtheit mit bewußtem Lüftungsverhalten - Wärmerückgewinnung mit mechanischer Belüftung	Beachtung hygienischer Gesichtspunkte
4	Einbeziehung passiver Solarnutzung - Südfenster - Glasvorbau	Nutzung, Lageplan, Orientierung, Gebäudeform, Topographie, Speicherfähigkeit des Gebäudes
5	Warmluftnutzung aus Glasvorbauten	Beachtung des Entwicklungsstandes hybrider Systeme, Notwendigkeit der Zwischenspeicherung
6	Kompaktheit des Gebäudes	begrenzt durch Haustyp und Grundrißwunsch
7	Zonierung des Gebäudes	begrenzt durch Haustyp und Grundrißwunsch
8	Farbe der Fassade, d.h. hohe Strahlungsabsorptionsfähigkeit auf der Südseite	hohe Außenoberflächentemperatur im Sommer, Gefahr der Rißbildung bei Außenputzen

3.2.2 *links*
Prioritätenliste für energiesparende Maßnahmen im Wohnungsbau aus der Sicht der Bauphysik. [12]

3.2.3
Zwei Arten der Sonnenenergienutzung: Das Glashaus dient als passiver, die Sonnenkollektoren auf dem massivem Wintergartendach als aktiver Energielieferant.

Praxis-Tip

Wintergärten, die vorwiegend zur passiven Energiegewinnung bzw. zur Energieeinsparung dienen, sollten nur temporär als Aufenthaltsraum genutzt werden. Eine flexible thermische Trennung von Sonnenraum und Kernhaus ist notwendig. Durch die konstruktive und funktionale Anbindung an den Wohnbereich können Wärmegewinne am einfachsten durch Fenster und Türen ins Haus geleitet werden. Ein Thermostatventil an der Heizung hilft, die Raumwärme bis zu einem gewissen Grad zu regeln.

3.2.4 *links*
Hier wurde die Solaranlage in das Glasdach integriert.
(Foto: Fa. Meuvo)

3.2.5 *rechts*
Das Energiesystem läßt sich gleichzeitig zur Verschattung nutzen.
(Foto: Fa. Meuvo)

3.2.6 und 3.2.7

3.2.6 *links und rechts*
Die Neugestaltung der Giebelfassade erfolgte durch Anbau einer nicht beheizten Pufferzone. Merkmal der Glasfassade mit vorgelagertem Gewächshaus ist ihre wirtschaftliche und einfache Konstruktion aus ungedämmten Stahlprofilen und Isolierglas. Im Ergebnis führte dies - bei deutlicher Energieeinsparung - zu einer verbesserten und erweiterten Nutzung und klarer Fassadengestaltung.

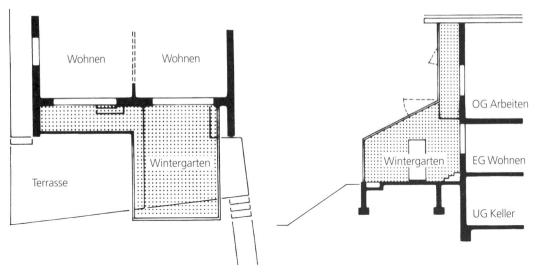

3.2.7 *links und rechts* Grundriß und Schnitt der vorgesetzten Fassade mit integriertem Wintergarten zu Abb. 3.2.6 (Stahl/Glas-Konstruktion). (Grafik: Hölzenbein/Denzer)

„Ein passives Solarhaus braucht einen aktiven Bewohner", heißt deshalb die griffige Formel [1]. Genau hier besteht aber ein Widerspruch, wenn ein Energiesystem als Wohnraum genutzt werden soll. Für den Menschen nämlich liegt die Behaglichkeitsgrenze bei Raumtemperaturen zwischen 24 und 26°C (siehe DIN 4108) - ein Niveau, bei dem Energiegewinne erst beginnen. Wird ein Glashaus also bewohnt, muß bei stärkerer Sonneneinstrahlung ausreichend gelüftet werden. Die gerade erst gewonnene Energie bleibt folglich ungenutzt. Das erst recht, wenn im Wintergarten auch Pflanzen gedeihen sollen. Denn auch sie benötigen frische und kühle Luft, so daß auch ihre Bedürfnisse energetisch nutzbare Lufttemperaturen behindern. Bewohnte Wintergärten mit üppigen Bepflanzungen können zweifellos als energetische Pufferzone dienen; das energieerzeugende Wohngewächshaus hingegen wird in den meisten Fällen ein unerreichbarer Wunschtraum bleiben (vgl. Kap. 4.3).

Wegen seines schlechten Wirkungsgrades und der verhältnismäßig hohen Baukosten ist ein Wintergarten als Energiesparmaßnahme nicht geeignet. [7], [15] Seine „Wirtschaftlichkeit" entspringt vielmehr den ganz besonderen Wohnqualitäten, die ein Wintergarten als Licht- und Wärmespender schafft.

Merkmale Energiesystem

- verglaste, steile Südfassade (45-60°)
- möglichst Einbindung der nicht verglasten Umschließungsflächen in das Kernhaus
- direkte, regelbare Luftführung in das Haus durch Klappen, Türen und Fenster,
- indirekte Luftführung in das Haus über Luftkanäle aus Stein oder Metall
- Speichermassen unterschiedlicher Art

Exkurs: Beispielhafte Vorhaben

Gebaute und anschließend wissenschaftlich ausgewertete konkrete Objekte sind am besten geeignet, das Zusammenwirken von baulichen Maßnahmen und tatsächlichem „Betrieb" zu dokumentieren. Aufschlußreich sind darüber hinaus auch die Erfahrungen der Bewohner, die unabhängig von Meßkurven das thermische Verhalten eines Wintergartens bewerten. (vgl. Kap. 4.3.1, Pioniere). Im folgenden werden kurz die wichtigsten Forschungsergebnisse zweier näher untersuchter Bauobjekte vorgestellt. Wer sich für detailliertere Angaben interessiert, findet im Quellenverzeichnis weiterführende Literatur zu diesen Wintergärten.

Das angesetzte Glashaus

Das Modellvorhaben in Tübingen besteht aus fünf Reihenhäusern, die nach den Prinzipien der Grünen Solararchitektur errichtet wurden. Entwickelt wurden sie vom Planungsbüro LOG ID, einem Pionier des Glashausbaus, in Zusammenarbeit mit mehreren öffentlichen Trägern und wissenschaftlichen Stellen.

> **Datenübersicht:**
> - Planung und Projektleitung: LOG ID, Dieter Schempp, Tübingen
> - Standort: Tübingen
> - Planung u. Fertigstellung: 1985 - 1994
> - Wohnflächen: 115 m² bis 170 m², Glashaus 51 m² pro Haus
> - Baukosten brutto ohne Grundstück: 430.000 bis 500.000 DM
> - Kostenanteil Glashaus: 85.000 DM

Die Ziele des Vorhaben waren:
- Erforschung des Energieverbrauchs und der Wirkung des Glashauses auf die Energiebilanz des gesamten Gebäudes
- Schaffung besonderer Wohnqualitäten
- Möglichkeit der Pflanzenhaltung zur Verbesserung des Wohnklimas
- Prüfung der Akzeptanz und des Verhaltens der Bewohner.

Um diese Ziele zu erreichen, wurde ein umfangreiches Meßprogramm über zwei Heizperioden durchgeführt.

Besondere Kennzeichen
- hochwärmegedämmte Kernhäuser mit nach Süden oder Westen vorgelagerten, bepflanzten Glashäusern
- Nutzung als Wärmekollektor beziehungsweise als Kältepuffer: thermische Trennung zwischen Glashaus und Wohnräumen
- massive Wände
- je nach Lufttemperaturen im Glashaus manuell zu öffnende und zu schließende Fenster.

Die wichtigsten Ergebnisse
- Die untersuchten Gebäude lagen mit ihrem Brutto-Heizenergieverbrauch um circa 60 bis 70 Prozent unter dem bundesdeutschen Mittelwert. Es wurde ein rechnerischer Heizölbedarf „in einer klimatisch guten Lage" [13] von acht bis zwölf Litern Heizöl pro Quadratmeter Wohnfläche ermittelt. Die Glashausbelüftung erwies sich als sehr wirksam: Die Innentemperaturen liegen im Sommer nur ein Grad über der Außenlufttemperatur.

3.2.8 Ansicht außen und
3.2.9 Ansicht innen
In Tübingen entstanden zwischen 1985 und 1994 unter wissenschaftlicher Begleitung fünf Reihenhäuser der Grünen Solararchitektur als ein Modellvorhaben, das Aufschluß gibt über Energiebilanz und Kosten/Nutzen-Verhältnis von Wintergärten.
(Fotos: LOG ID)

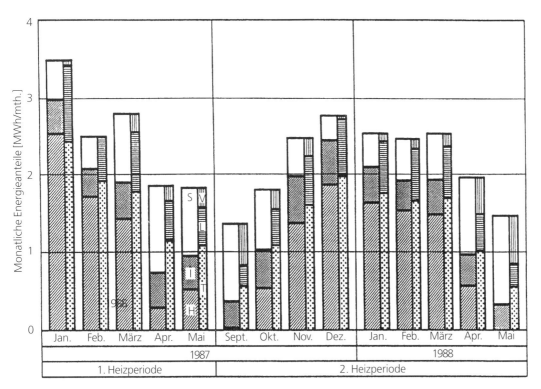

3.2.10
Die Graphik zeigt die monatlichen Anteile der Energiebilanz von Haus 1 der Tübinger Reihenhäuser. Die linken Säulen stellen die Gewinne, die rechten die Verluste dar. Die einzelnen Anteile sind:

Gewinne:
H: Heizenergie
I: Interne Gewinne
S: Solarenergiegewinne

Verluste:
T: Transmissionswärmeverluste
L: Lüftungsverluste bei Mindestluftwechsel
V: Zusätzlicher Lüftungswärmeverlust bei geöffneten Fenstern

[16]

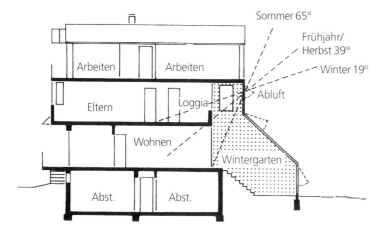

- Das große Wohlbefinden der Bewohner führt zu hoher Akzeptanz des Glashauses, einem positiven Verhältnis zu Pflanzen, wenn auch der Pflegeaufwand begrenzt bleiben muß und Störungen durch Schädlinge nicht zu verhindern sind. Auch heizt sich das Glashaus zeitweise zu stark auf.
- Als reiner Klimapuffer betrachtet, sind die Kosten der Glashäuser im Verhältnis zur Energieeinsparung zu hoch.
- Annehmbare Energiespar-Raten sind nur durch sorgfältige Abstimmung von Bau- und Heiztechnik sowie einer optimalen Ausführung erreichbar. [7], [16]

3.2.11
Grundriß und Schnitt der Reihenhäuser in Tübingen [16]

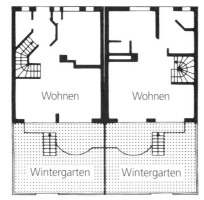

- Keine Beschattung notwendig; diese übernehmen teilweise subtropische Pflanzen.
- Die relative Luftfeuchtigkeit in den Glashäusern liegt zwischen 60 und 90 Prozent. In den Kernhäusern werden überwiegend über 60 Prozent erreicht, verursacht durch die Pflanzen im Glashaus und den hohen Luftumsatz von Glashaus zu Kernhaus.
- Um eine bessere Luftqualität und Behaglichkeit zu erreichen und um Schimmelbildung und Bauschäden zu vermeiden, ist ein häufiger Luftwechsel im Kernhaus notwendig.

Der integrierte Wintergarten

Ein konsequentes Konzept der Sonnenenergienutzung wird mit den Solarhäusern einer Bauherrengemeinschaft in Donaueschingen verfolgt. Die hochwärmegedämmten Massivbauten wurden mit Sonnenkollektoren und einer transparenten Wärmedämmung in der Südfassade sowie einem integrierten Wintergarten ausgestattet. Das zweigeschossige Glashaus dient als Puffer mit temporärem Wärmegewinn und zur Wohnraumerweiterung. Es bildet eine eigene thermische Zone, für den Anschluß an das Kernhaus wurden im Erdgeschoß Isolierglas-Fenster (k-Wert: 2,9 W/m²K) gewählt, im Obergeschoß sind zusätzlich ungedämmte Wärmespeicherwände aus Kalksandstein errichtet. Die Wärmeverteilung erfolgt über die Fenster. Die Außenverglasung besteht aus Wärmeschutzglas mit einem k-Wert von k = 1,6 W/m²K.

Ziel des Vorhabens war insbesondere die Senkung des Heizwärme-Bedarfs auf 40 kWh/m².

3.2.12: Ansicht außen

3.2.13: Ansicht innen

3.2.12 bis 3.2.15
Konsequente Sonnenenergienutzung: Solarkollektoren, transparente Wärmedämmung und ein integrierter Wintergarten sollen die solare Energieausbeute optimieren.
Fotos und Zeichnungen: Hölzenbein und Ludszuweit

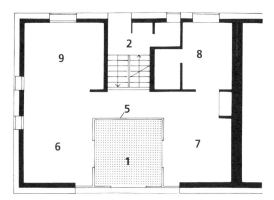

3.2.14: Grundriß und Schnitt

1 Wintergarten, zweigeschossig
2 Eingang
3 Treppenhaus
4 massive Wand
5 Fenster
6 Wohnen
7 Essen
8 Küche
9 Studio

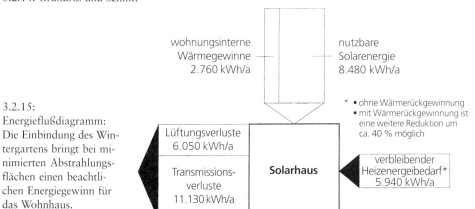

3.2.15:
Energieflußdiagramm:
Die Einbindung des Wintergartens bringt bei minimierten Abstrahlungsflächen einen beachtlichen Energiegewinn für das Wohnhaus.

Datenübersicht

- Planung: Hölzenbein und Ludszuweit, Donaueschingen
- Standort: Donaueschingen
- Fertigstellung: 1994
- Wohnflächen: 144 bis 170 m^2
- Wintergartenanteil: 10 m^2
- Baukosten: 500.000 DM bis 550.000 DM

Der solare Deckungsanteil für Heizung und Warmwasser sollte 50 Prozent im Jahr betragen.

Die wichtigsten Ergebnisse
Es sind zwar noch nicht alle Messungen abgeschlossen, doch erste Werte und Nutzer-Erfahrungen liegen für den Wintergarten bereits vor.

- Möglich ist nur eine temporäre Nutzung, Einschränkungen sind an kalten Winterabenden und heißen Sommertagen notwendig.
- Trotz fehlender Beschattung liegen die Temperaturen auch im Sommer meist unter der Außentemperatur. Der aufgrund der Raumhöhe starke Kamineffekt hat den Vorteil, daß die Dachlüftung zur Klimaregulierung ausreicht.
- Auch im Winter sinken die Temperaturen nie unter + 10°C Celsius, selbst bei Außentemperatur von - 19°C. Ursache dafür sind die hohe Wärmespeicherfähigkeit der Wände sowie der gute Wärmeausgleich zwischen Kernhaus und Wintergarten durch ungedämmte Wände und Fenster.
- Wenn die Raumtemperaturen im Obergeschoß mitunter als zu warm empfunden werden, so ist dies wahrscheinlich auf die Transparente Wärmedämmung und nicht auf den Wintergarten zurückzuführen.
- Die Bewohner nutzen ihren Wintergarten vor allem als geschützten „Freiraum".

3.3 Der Wintergarten als Wohnraum

Einen Wintergarten nur zur Pflanzenzucht oder einzig als Energielieferanten zu nutzen, erscheint den meisten Bauherren als pure Verschwendung. Ein Raum zum Wohnen soll er sein, in dem man essen kann, spielen, lesen oder einfach ausruhen. Pflanzen gehören selbstverständlich dazu, und wenn das Glashaus zumindest die Energie gewinnt, die es verbraucht, sind die meisten Nutzer schon zufrieden. Es sind diese vielfältigen und sich teilweise widersprechenden Nutzungen, die an die Planung des Wohnraums Wintergarten höhere Anforderungen stellen als an jedes andere Glashaus.

Wichtigste Voraussetzung für die Wohnraum-Nutzung sind stabile raumklimatische Verhältnisse möglichst über das ganze Jahr hinweg, d.h. der Wintergarten sollte an einem heißen Sommertag ebenso wie an einem kalten Winterabend zu nutzen sein. Während es in seiner Funktion als Gewächshaus und Energiesystem gerade auf viel Licht und Wärme ankommt und eine Abkühlung in kalten Winternächten sich nicht sehr störend auswirkt, ist für seine Funktion als Wohnraumerweiterung in erster Linie ein behagliches Innenraumklima wichtig. Nur wenn der Wintergarten auch spontan zu jeder Zeit und ganz individuell nutzbar ist, verdient er den Namen Wohnraum (vgl. Kap. 4.3).

Die Konsequenzen sind klar: Bedingung ist ein möglichst ausgeglichenes Raumklima mit Temperaturen von maximal 24 bis 26°C im Sommer und möglichst geringe Wärmeverluste im Winter.

Dies läßt sich in erster Linie mit drei Maßnahmen erreichen, nämlich erstens einem ausreichenden Anteil von massiven, gut gedämmten Umschließungsflächen, welche die Wärme einige Zeit speichern und dann verzögert wieder abgeben, zweitens mit der richtigen Verglasung und drittens einer ausreichenden Einbindung des Wintergartens in das Kernhaus.

Wegen der klimatischen Anforderungen und wegen der Tauwasserproblematik ist eine hochwertige Verglasung notwendig: erforderlich sind mindestens Isoliergläser, noch besser geeignet ist Wärmeschutzglas (vgl. Kap. 4.1.3), denn hier liegen die Temperaturen an der inneren Scheibe nahe der Raumtemperatur, so daß eine Kondenswasserbildung so gut wie ausgeschlossen ist (vgl. Kap. 5.1).

Außer der Art und Anordnung der Verglasung ist auch die Größe der verglasten Fläche von Bedeutung. Während die Devise beim Glashaus in seiner Funktion als Gewächshaus oder als Energiesystem hieß: so viel wie möglich, lautet sie beim Wohnraum umgekehrt: nur so viel wie nötig. Günstig ist die Verglasung aller senkrechten Wände, bei der Dachflächenverglasung allerdings ist schon Vorsicht geboten. Zumindest die hochstehende Sommersonne sollte auf massive Dachflächen treffen, um den Wohnraum nicht zu überhitzen. Tiefstehende Wintersonne hingegen muß tief eindringen können. Teilmassive Dächer mit einem Rest an „Lustverglasung" zur Traufe hin sind für das bewohnte Glashaus der beste Kompromiß. Zudem bringt diese Bauausführung einen weiteren Vorteil: Damit ein Wintergarten vom Bauamt als Wohnraum genehmigt wird, ist für die Dachverglasung Sicherheitsglas vorgeschrieben. Aus energetischen Gründen müssen außerdem hohe Anforderungen an die

3.3.1 *oben*
Zweigeschossiger Wintergarten als Wohnraumerweiterung, über einen Holzofen zu beheizen.
(Foto: Gündogan)

3.3.2 *unten*
Thermische Ausgeglichenheit ist vor allem dann wichtig, wenn der Wintergarten als vollwertiger Wohnraum genutzt wird.

3.3.3
Kein Anlehnwintergarten, sondern eine klassische, mehrgeschossige Wohnraumerweiterung. Die Geschoßdecken wurden massiv ausgeführt.

Dämmqualität gestellt werden, denn über die Dachflächen geht die meiste Wärme verloren. Die Kombination aus Sicherheits- und Wärmeschutzglas ist sehr kostenaufwendig. Eine Reduzierung der verglasten Dachflächen kommt also auch dem Budget der Bauherrschaft sehr zugute (vgl. Kap. 4.2).

Wie gut es sich im Wintergarten leben läßt, hängt nicht zuletzt davon ab, wie weitgehend er in das Kernhaus integriert wird. (vgl. Kapitel 2.2.) Erste und einfachste Maßnahme ist, den Raum durch große Isolierglastüren vom eigentlichen Wohnraum im Kernhaus abzuteilen, so daß, je nach Situation, der Wintergarten vollständig einbezogen werden oder aber ein eigenes thermisches System bilden kann. Eine flexible Abtrennung vom Kernhaus vorzusehen, ist in jedem Fall empfehlenswert, auch wenn der Wintergarten als Wohnraumerweiterung gebaut wurde.

Bezüglich der Verglasung haben Erfahrungen gezeigt, daß eine einfache Gleichung die besten Ergebnisse bringt: Die Summe der Glasschichten - als Schicht zählen Scheiben ebenso wie Beschichtungen - an den Außen- und Innenflächen muß immer „vier" ergeben: Ist die Außenhaut des Glashauses zweifach verglast, sollten auch zum Haus hin Isoliergläser eingesetzt werden. Wurde die Außenwand mit Wärmeschutzglas - Doppelscheibe plus Beschichtung - verglast, reicht zum Kernhaus hin eine Einfachscheibe und umgekehrt.

Was die Orientierung des Wintergartens betrifft, so sind West- und Südlagen eindeutig die geeigneten: Sie garantieren den höchsten Lichteinfall und die längste Nutzungszeit.

Hier wie in jeder Lage muß an ausreichende Möglichkeiten zur Lüftung und Verschattung gedacht werden. Ist der Raum ausreichend hoch, etwa zweigeschossig, erfolgt die Lüftung dank des bekannten „Kamineffekts" allein durch den Auftrieb der wärmeren Luft (vgl. Kap. 2.1). Der Vorteil der Zweigeschossigkeit: Auf den verschiedenen Wohnebenen entsteht eine Temperaturhierarchie, die Galerie im oberen Teil beispielsweise kann schon bei wenig Sonne im Frühjahr und dazu länger genutzt werden, der ebenerdige Teil ist dafür auch an heißen Tagen noch bewohnbar.

Ansprüche an die Bepflanzung oder an mögliche Energiegewinne dürfen bei Wintergärten, die zum Wohnen genutzt werden, nicht allzu hoch sein. Wer eine gemischte Nutzung bevorzugt, muß überall Kompromisse eingehen.

Wie die bauliche Umsetzung dieser Wintergarten-Typen in der Praxis aussehen kann, welche Schwerpunkt- und Mischnutzungen möglich sind und wie bestimmte Faktoren im Einzelfall zu bewerten sind, zeigen die Beispiele im folgenden Kapitel.

Der Wintergarten als Wohnraum
- Wärmeschutz-Verglasung zur klimatischen Stabilisierung
- Verminderung der verglasten Dachflächen
- gut gedämmte, massive Umschließungsflächen
- hoher Anteil an Speicherflächen: massive Rückwände, Dächer und Boden
- weitgehende An- oder Einbindung ins Kernhaus
- gute Lüftungs- und Verschattungsmöglichkeiten
- geringe Temperaturschwankungen
- wenig Bepflanzung

3.3.4
Die zweigeschossige Wohnhalle öffnet sich zum thermisch getrennten Glashaus, das als Energiepuffer dient.

4. Planung: Der Wintergarten-Entwurf

Nach der Theorie nun die Praxis. Sie beginnt auch beim Wintergarten-Bau mit der Entwurfsplanung. Neben baurechtlichen Besonderheiten sind dabei vor allem der zukünftige Nutzungsschwerpunkt und die Standortgegebenheiten zu beachten. Die folgende, praxisorientierte Dokumentation will zeigen, was dies konkret bedeutet, welche Schwierigkeiten im Planungs- und Genehmigungsprozeß auftreten, wie mögliche Lösungsansätze aussehen können und welche Erfahrungen schließlich die Bewohner selbst machen.

4.1 Baurecht beachten

Ein Wintergarten muß wie jeder Anbau von der örtlichen Bauaufsichtsbehörde genehmigt werden. Das ist nicht immer ganz einfach zu erreichen - zumal, wenn er nachträglich an ein bestehendes Gebäude angebaut wird. In allen Landesbauordnungen sucht man vergeblich nach dem Begriff „Wintergarten". Rechtlich wird er als ein Bauwerk mit hohem Glasanteil in Wänden und Dächern betrachtet, das nach den gleichen Maßstäben zu beurteilen ist wie jedes andere Gebäude. Also unterliegt ein Wintergarten - abgesehen von einigen Ausnahmen - grundsätzlich den üblichen Anforderungen an Standsicherheit, Brand- und Schallschutz, er muß in den meisten Fällen die Anforderungen der Wärmeschutzverordnung (WSchVo) erfüllen und den Vorgaben des jeweils gültigen Bebauungsplans genügen. Die für den Wintergarten konkret geltenden Bauvorschriften werden dann entsprechend den Vorschriften für einzelne Bauteile zusammengestellt.

Seit Inkrafttreten der neuen Wärmeschutzverordnung und der technischen Weiterentwicklung von Wärmeschutzglas gibt es in der Regel nur noch beim Brandschutz das Problem, daß baurechtliche Anforderungen nicht erfüllt werden können. In allen Bundesländern ist es jedoch übliche Praxis, Anbauten, die unter das vereinfachte Genehmigungsverfahren fallen, von diesen Vorschriften zu befreien, eine sogenannte Dispens zu erteilen und den Bau insgesamt zu genehmigen.

4.1.1 Baurechtliche Beurteilung von Wintergärten

Obwohl Baurecht Ländersache ist und die entsprechenden Bauordnungen durchaus Abweichungen zeigen, ist die genehmigungsrechtliche Behandlung des Wintergartens verhältnismäßig einheitlich. Als Grundlage der folgenden Ausführungen dient daher die nordrhein-westfälische Bauordnung, deren wesentliche Aussagen zum Wintergarten auch für die übrigen Bundesländer zutreffen. [17], [18], [19]

Allerdings kann es durchaus unterschiedliche Verwaltungsverfahren in den Bauämtern eines einzelnen Bundeslandes geben. Die Folge ist, daß von Stadt zu Stadt oder von Gemeinde zu Gemeinde das gültige Baurecht in Teilen anders interpretiert und gehandhabt wird. Eine konkrete Abstimmung mit der zuständigen Baugenehmigungs-Behörde ist also unbedingt angeraten.

Da ein Wintergarten nirgendwo rechtlich präzise und verbindlich definiert ist, folgt seine baurechtliche Einordnung seiner Funktion. Unterschieden werden grundsätzlich zwei Nutzungsarten:
- der *Aufenthaltsraum*,
- die *Nebenanlage*.

Der *Aufenthaltsraum*, so die Definition, ist zum dauernden Aufenthalt von Menschen bestimmt oder geeignet. Unabhängig davon, ob die Verbindung zum Restgebäude offen oder geschlossen ist - etwa durch eine Tür oder ein Fenster, eine massive Wand oder beides in Kombination - gilt der Wintergarten als Bestandteil des Hauptgebäudes und ist deshalb auf das Maß der baulichen Nutzung anzurechnen.

Die *Nebenanlage* ordnet sich in ihrer Funktion der Hauptnutzung eines (Wohn-)Gebäudes unter und wird bei der Berechnung der zulässigen Grundflächen beziehungsweise der Ermittlung der Geschoßflächen nicht berücksichtigt. Eine Nebenanlage in diesem Sinne wäre zum Beispiel ein Wintergarten, der lediglich als Gewächshaus, als Pufferzone oder als Luftkollektor zur passiven Sonnenenergie-Nutzung dient.

In Nordrhein-Westfalen können Nebenanlagen bis zu einer Richtgröße von 30 Kubikmetern umbauten Raumes von der Baugenehmigung befreit werden. Voraussetzung ist eine genaue Nutzungsbeschreibung, die die Vermeidung jeglicher Brandlast beinhaltet (vgl. Kap. 4.1.3).

Über die Zulässigkeit eines Wintergartens - gleich, ob Aufenthaltsraum oder Nebenanlage - bestimmt zunächst der örtliche Bebauungsplan, da sich das Glashaus in seiner Eigenart in das Baugebiet einordnen muß. Sind Wintergärten in einem Bebauungsplan nicht gesondert aufgeführt und gibt es in einem Wohngebiet solche Anbauten bereits, ist es einfacher, eine Genehmigung zu erhalten, da sich in diesen Fällen ein Glasanbau in die ortstypische Bebauung einfügt.

Ob eine *Grenzbebauung* zulässig ist, bei welcher der gesetzlich vorgeschriebene Abstand zum Nachbarn nicht eingehalten wird, hängt vor allem von der Art der bereits bestehenden Bebauung ab. Bei offener Bauweise müssen Wintergärten grundsätzlich die vorgegebenen Abstandsflächen von in der Regel drei Metern einhalten. Dies ist bei dichter Bauweise - Doppelhäuser, Reihenhäuser - ohnehin nicht möglich. Das Bauamt kann in diesen Fällen eine Ausnahmegenehmigung erteilen, doch ist die Einwilligung der Nachbarn Voraussetzung. Ein Wintergarten, der als Erker nicht mehr als 1,5 Meter vor die Außenwand hervortritt, ist (nur frei schwebend) auf den sonst nicht überbaubaren Abstandsflächen zulässig (vgl. Kap. 4.1.3). Beträgt der Abstand eines Anbaus zur Nachbarbebauung weniger als 2,5 Meter, kann allerdings eine Gebäudeabschlußwand vorgeschrieben werden, deren bauliche Ausführung die in diesem Fall besonderen Auflagen der gesetzlich geregelten Feuerwiderstandsklassen erfüllen muß.

4.1.2 Brandschutz und Nachbarschaftsrecht

Ziel der brandschutztechnischen Anforderungen in den Länder-Bauordnungen ist, die Ausbreitung eines Brandes durch die Beschaffenheit der Bauteile möglichst lange hinauszuzögern, um so das Übergreifen auf anliegende Gebäudeteile zu verhindern und das Leben der Bewohner sowie deren Eigentum zu schützen.

Wintergärten erfüllen diese Bedingungen generell nicht: Zwar bewahren Holzträger im Gegensatz zu Metall- und Kunststoffkonstruktionen längere Zeit ihre Form, doch sind alle transparenten Abdeckungen - Kunststoff und Glas - nicht oder nur gering feuerbeständig, so daß sie einen Brandüberschlag kaum verhindern können. Zudem eignen sie sich nicht als Fluchtweg für höherliegende Räume mit Fenstern oder Türen. Aus diesen Gründen erklären sich die meisten Vorbehalte gegen Glashäuser, besonders in dichter Bauweise.

In ihren Anforderungen hinsichtlich des Brandverhaltens von Bauteilen unterscheiden die Landesbauordnungen zwischen Wänden, Pfeilern und Stützen einerseits sowie Dächern andererseits. Die brandschutztechnischen Bedingungen sind in der Regel nur durch die Existenz massiver Wände und harter Bedachungen zu erfüllen - eine Voraussetzung, die die wenigsten Wintergärten erfüllen. Also wird eine baurechtliche Befreiung (Dispensation) erforderlich. Für die Genehmigungspraxis bedeutet dies, daß ein Wintergarten baurechtlich wie das Wohnhaus eingestuft wird. Entscheidend ist daher, um welche Art von Gebäude es sich dabei handelt. Unterschieden werden:

- freistehende Wohngebäude geringer Höhe mit nicht mehr als einer Wohnung, das typische freistehende Einfamilienhaus also;
- freistehende Wohngebäude geringer Höhe mit nicht mehr als zwei eigen- oder fremdgenutzten Wohnungen,
- Wohngebäude geringer Höhe mit einer oder mehr als einer Wohnung als Doppel- oder Reihenhäuser
- sonstige Gebäude außer Hochhäusern, also frei oder in dichter Bebauung stehende Mehrfamilienhäuser.

In allen Fällen werden an Wände und Stützen von Wintergärten nur bei Grenzbebauungen bestimmte Anforderungen hinsichtlich des Brandschutzes gestellt. Was Dächer betrifft, so sind diese wegen erhöhter Gefahr von Brandüberschlag differenzierter zu betrachten.

Die Handhabung der Befreiungen liegt jedoch völlig im Ermessen des einzelnen Bauamts.

Freistehende Wohngebäude
Bei freistehenden Einfamilienhäusern gibt es bei der Genehmigung kaum Probleme, denn hier sind die Anforderungen verhältnismäßig leicht zu erfüllen. Schwierig wird es immer dann, wenn eine zweite Wohnung im Haus fremdgenutzt wird, oder im anderen Fall, eine verdichtete Bausituation besteht. Generell steigen hier die Anforderungen, Befreiungen werden nur unter bestimmten Bedingungen erteilt, manchmal auch gar nicht.
Freistehende Wohngebäude geringer Höhe mit zwei Wohnungen in Fremd- und Eigennutzung etwa erhalten die Erlaubnis für Anbauten mit Glasdächern nur unter folgenden Auflagen:

Verwendung schwer entflammbarer Baustoffe als Eindeckung, meist Verbundsicherheits-Glas oder Drahtglas. Bei Plexiglas als Dacheindeckung scheiden sich die Ansichten. In den meisten Gemeinden wird Kunststoff in Bezug auf Funkenflug und strahlende Wärme als unproblematisch gesehen, in anderen hingegen gar nicht erst zugelassen.

Doppel- und Reihenhäuser
Für nachträgliche Grenzbebauungen von Doppel- und Reihenhäusern gelten weiter gefaßte Auflagen für den Brandschutz: Für jedes Gebäudeteil ist eine Gebäudeabschlußwand (Brandwand) auf dem eigenen Grundstück notwendig. In der Regel ist eine 11,5 cm starke Wand ausreichend.

Für angrenzende Glasdächer sind mehrere Alternativen möglich. Zunächst gelten die gleichen Anforderungen an die Schwerentflammbarkeit wie bei freistehenden Häusern mit Eigen- und Fremdnutzung. Nur bedingt zu empfehlen ist eine Brandschutzverglasung, da zum einen die Konstruktion kaum den Erfordernissen der entsprechenden Feuerschutzklasse genügen kann, zum anderen ist diese Lösung sehr kostenaufwendig. Wirtschaftlicher und sinnvoller ist auf dem Glasdach der Einsatz einer massiven Ein- oder Abdeckung im Abstand von 1,25 m zum Nachbarn oder das Überstehen der Wand um 30 cm über die Glasdach-Oberkante. Wenn Brandschutzverglasung eingesetzt wird, müssen Öffnungen im Dach ebenfalls den genannten Abstand einhalten.

Gerade beim nachträglichen Anbau von Wintergärten an Doppel- und Reihenhäuser ist es oft schwierig eine Genehmigung zu erhalten. Denn in diesen Fällen muß nicht nur das Bau-, sondern zudem auch das Nachbarschaftsrecht beachtet werden. Sobald eine Bebauung bis zur Grundstücksgrenze oder eine Überschreitung der Abstandsflächen geplant wird, muß das Einverständnis des Nachbarn eingeholt und schriftlich beim Bauamt niedergelegt werden. Die Zustimmung wird zudem als Baulast in das Grundbuch eingetragen (Baulastenverzeichnis). Eine Baulast ist immer eine Sache auf Gegenseitigkeit. Einem Nachbarn, der die Grenzbebauung durch Eintragung einer Baulast zuläßt, wird automatisch gleiches Recht eingeräumt: Auch in das Grundbuch des Wintergarten-Antragstellers wird dann eine Baulast eingetragen. Sein Nachbar darf dann also ebenfalls bauen, muß aber nicht.

Wollen beide Nachbarn bauen, müssen zwei Anträge gestellt werden. Zur Auflage machen die Bauämter dann in der Regel ein einheitliches Profil für beide Wintergärten. Will nur einer der beiden Nachbarn bauen, werden trotzdem zwei Genehmigungen notwendig. In diesem Fall kann der Bauwillige für seinen Nachbarn den Antrag gleich mitstellen.

Für den Fall, daß der Nachbar seine Zustimmung nicht geben möchte, sind geschlossene Anbauten, also auch Wintergärten, nicht mög-

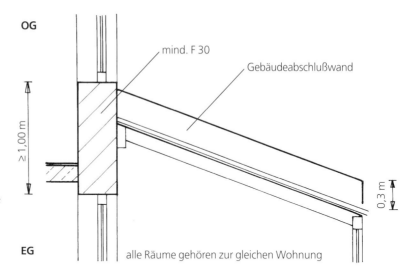

4.1.1
Konstruktive Bauausführung bei Wintergärten in dichter Bebauung (Schnitt)

lich. Lediglich offene Pergolen an der Grundstücksgrenze sind erlaubt, Überdachungen mit drei Meter Abstand zur Grenze. Eine Grenzbebauung ohne Zustimmung des Nachbarn ist nur in einigen Ausnahmefällen möglich. So wurde das Nachbarschaftsrecht dahingehend geändert, daß Bebauungen, die nach dem Baurecht - einem öffentlichen Recht - zulässig sind, dies auch nach dem Nachbarschaftsrecht - einem Privatrecht - sein müssen und nicht mehr der Zustimmung Dritter bedürfen. Ein Beispiel: Liegt für eine dichte Bauweise ein Bebauungsplan vor, und die vorhandene Bebauung reicht nicht bis zur vorgegebenen Baulinie, ist eine Grenzbebauung auch ohne das Einverständnis des Nachbarn möglich. Das gilt auch für Baulücken.

Mehrfamilienhäuser
Schwierig wird die Genehmigung von Glashäusern bei Mehrfamilienhäusern. Die erforderliche Befreiung von den Brandschutzauflagen nämlich wird normalerweise verweigert. Nur in Sonderfällen sind Ausnahmen möglich, etwa wenn massive Balkonplatten vorhanden sind, die den Brandüberschlag verhindern können. Schwierig ist die Genehmigung auch deshalb, weil Mehrfamilienhäuser nicht den vereinfachten Baugenehmigungsverfahren unterliegen und erhöhte Brandschutzanforderungen gelten.

4.1.3 Wintergarten und neue Wärmeschutzverordnung

Auch die neue Wärmeschutzverordnung wirkt sich auf die Genehmigung von Wintergärten aus. Sowohl mit dem Energiebilanzverfahren als auch mit dem Bauteilverfahren sind die Anforderungen an den k-Wert von Verglasungen im Neubau und im Altbau gestiegen. Für den Wintergarten als beheizten Wohnraum hat das erhebliche Auswirkungen. Denn Verglasungen bei Neubauten - also auch bei Wintergärten - müssen generell einen mittleren äquivalenten k-Wert von 0,7 W/m^{2}K aufweisen. Große Glasflächen sind daher in der Regel nur noch mit Wärmeschutzglas zu verwirklichen. Nach dem Bilanzverfahren könnte man in diesem Fall zwar auch normales Isolierglas einsetzen. Das aber setzt voraus, daß alle anderen Bauteile sehr niedrige k-Werte aufweisen. Ohne einen erheblichen baulichen Aufwand ist dies nicht zu erreichen, so daß aus rein bautechnischer Sicht Kosten und Aufwand ebensogut in die Verglasung fließen können. Dies sagt jedoch noch nichts über die individuelle Energiebilanz und Nutzbarkeit des Glashauses aus.

Bei Altbauten sind die Anforderungen für Verglasungen nicht so hoch, doch bei einer Wohnraumvergrößerung um mehr als zehn Quadratmeter Gebäudenutzfläche oder für die Erweiterung um mindestens einen beheizten Raum gelten die verschärften Bestimmungen für Neubauten. Der Anbau eines Wintergartens als beheizter Wohnraum erfordert also auch hier in der Regel den Einsatz von Wärmeschutzglas. Interessant für die Planung und Gestaltung von Glashäusern ist noch die Auflage, daß Heizkörper vor außenliegenden Fensterflächen mit einer thermisch wirksamen Abdeckung an ihrer Rückseite versehen werden müssen. Der k-Wert der Verglasung darf in diesem Fall den Wert von 1,5 W/m^{2}K nicht überschreiten.

Für Nebenanlagen (Pufferzonen, Gewächshäuser), die nicht zum dauernden Aufenthalt von Personen bestimmt sind, gelten die Auflagen der Wärmeschutzverordnung nicht. Voraussetzung: Bei der künstlichen Temperierung des Glashauses darf eine Innentemperatur von mehr als + 12°C nicht überschritten werden.

An massive Trennwände zwischen Kernhaus und Glashaus stellt die neue Wärmeschutzverordnung keine besonderen Anforderungen mehr, es gelten lediglich die Mindestanforderungen der DIN 4108 für das Mauerwerk. Auch für Fenster und Fenstertüren in diesen Trennflächen müssen keine besonderen wärmetechnischen Eigenschaften angesetzt werden, da nur außenliegende Bauteile von der Wärmeschutzverordnung erfaßt werden. Für die Bauteile zwischen Kernhaus und unbeheiztem Glashaus sind in der Wärmeschutzverordnung Abminderungsfaktoren vorgesehen.

Für den sommerlichen Wärmeschutz bei großflächigen Verglasungen - über 50 Prozent der Fassade - darf das Produkt (g_F x f) aus Gesamtenergiedurchlaßgrad g_F (in Prozent) und Fensterflächenanteil f (in Prozent) den Wert 0,25

4.1.2
Die wichtigsten Bauvorschriften im Überblick

	Definition	Bebauungsplan	Standsicherheit	Wärmeschutzverordnung (WSchVo)	Schallschutz	Brandschutz
Aufenthaltsraum	zum dauernden Aufenthalt von Menschen bestimmt oder geeignet (Wohnraum); wird auf das Maß der baulichen Nutzung angerechnet (GFZ, GRZ)	**offene Bauweise:** Abstandsflächen drei Meter; Erker ohne Bodenkontakt bis 1,5 Meter vor der Außenwand erlaubt; Breiten nach örtlicher Bauordnung: Gebäudeabschlußwand in einer geregelten Brandschutzklasse (nicht mit Glas) Vorschrift, wenn der Abstand von der Grundstücksgrenze geringer ist als 2,5 Meter.	statischer Nachweis; Überkopfverglasung; splitterbindendes Sicherheitsglas nicht Glasart, sondern Eigenschaft vorgeschrieben	entsprechend seiner Nutzung Erfüllung nur noch durch Wärmeschutzverglasung; Wintergärten, auch nachträglich angebaute, gelten als Neubau und unterliegen den Anforderungen der WSchVo. Für alle Glasflächen liegt der geforderte Wärmedurchgangskoeffizient bei $k_{eqF} = 0,7$ W/m²K;	in durch Verkehrs- und Fluglärm belasteten Wohngebieten gelten besondere Anforderungen: ca: 40-45 dB für Umfassungsbauteile und ein höheren Konstruktionsaufwand	Verhinderung von Brandüberschlag durch glas-/kunststoffgedeckte Dächer nicht möglich; diese können auch nicht als Fluchtweg für höherliegende Fenster und Türen dienen; Genehmigungsprobleme generell bei geschlossener Bauweise; im allgemeinen genehmigungsfähig: Terrassenüberdachungen, verglaste Teilflächen von Dächern
Nebenanlage	ordnet sich der Hauptnutzung eines Wohngebäudes unter: Gewächshaus, energetische Pufferzone; wird auf das Maß baulichen Nutzung nicht angerechnet	**dichte Bauweise:** besondere Regelungen bezügl. Brandschutz und Nachbarschaftsrecht		nur Temperierung; Grenztemperatur von 12 Grad Celsius darf nicht überschritten werden. Trennflächen: keine außenliegenden Bauteile, keine Anrechnung		

nicht überschreiten. Erreicht werden kann dies durch die Verwendung von Glasarten mit verhältnismäßig niedrigen g-Werten. Diese aber haben bekanntlich den Nachteil geringer Lichtdurchlässigkeit. Um einen möglichst hohen Lichteinfall und damit Wärmegewinn im Winter zu gewährleisten, empfiehlt sich die Verwendung eines Glases mit niedrigem k-Wert, mittlerem g-Wert (um die 60 Prozent bei Wärmeschutzgläsern) und der Einsatz von Verschattungseinrichtungen. Diese verringern im Sommer die Wärmelast und ermöglichen gleichzeitig hohe Wärmegewinne im Winter. (vgl. Praxis-Tip Kap. 5.3)

4.1.4 Schallschutz, Belüftung und Belichtung

Ein vorgesetzter Wintergarten verbessert die Schallschutzsituation des angrenzenden Wohnraumes. In durch Verkehrs- oder Fluglärm stark belasteten Gebieten muß das Glashaus als Aufenthaltsraum besonderen Schallschutzanforderungen genügen. So sind erforderliche Schalldämm-Maße von 40 bis 45 dB für Umfassungsbauteile keine Seltenheit. Um dies zu erreichen, wäre der Konstruktions- und Kostenaufwand für einen Wintergarten zur Wohnraumerweiterung sehr hoch. Er sollte deshalb als Nebenanlage ausgeführt und zum Wohnraum hin klar getrennt sein.

Für die Genehmigung wichtig ist beim nachträglichen Anbau auch die Frage, ob die dann hinter dem Glashaus gelegenen Wohnräume weiterhin ausreichend belüftet und belichtet werden können. Dies kann bedeuten, daß der Wohnraum, unter Umständen ein weiteres, nicht in das spätere Glashaus reichende Fenster aufweisen muß, damit überhaupt ein nachträglicher Vorbau genehmigt werden kann. Eine Alternative wäre, den Wintergarten ausreichend mit Lüftungsmöglichkeiten auszustatten, so daß angrenzende Gebäudeteile mit belüftet werden können. Solche Einzelheiten sind allerdings nur direkt mit dem Bauamt für jedes konkrete Vorhaben zu klären.

4.1.5 Aus der Genehmigungspraxis

Längst nicht jeder Entwurf - und sei er noch so sorgfältig ausgeklügelt - erweist sich in der Praxis als genehmigungsfähig. Dies allerdings muß keineswegs das generelle Aus für das Bauvorhaben bedeuten. Die folgenden Beispiele zeigen, daß sich Alternativen finden lassen, die sich am Ende nicht selten sogar als die bessere Lösung erweisen.

Beispiel 1: Nebenanlage
Abb. 4.1.3 und 4.1.4 zeigen Ansicht und Grundriß eines Wintergarten, der zunächst nicht genehmigt wurde, da er auf der Grundstücksgrenze zur Straße liegen sollte und als Wohnraum vorgesehen war. Seine Lage brachte zudem eine unzulässige Brandlast für das Treppenhaus mit sich.

Genehmigt wurde der Wintergarten mit Glasdach erst, nachdem die Nutzung geändert wurde: Aus dem Eßraum wurde ein Wärmepuffer, also eine Nebenanlage mit geringer Brandlast. Zum öffentlichen Straßenraum hin wurde eine massive Gebäudeabschlußwand errichtet (Abb. 4.1.3)

Nach mehrjähriger Nutzung haben sich diese ungeliebten Auflagen als glückliche Wendung herausgestellt. Die massive Wand schützt nicht

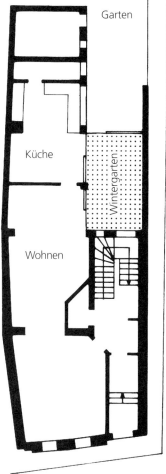

4.1.3 und 4.1.4

4.1.3 *links*:
Ansicht Straßenseite

4.1.4 *rechts*:
Grundriß
Nachträglich angebauter
Wintergarten
(Graphik: G. Molitor)

nur vor Einblicken, sie trägt - sommers wie winters - auch nicht unerheblich zum Ausgleich der Temperaturschwankungen im Wintergarten bei. Genutzt wird der Wintergarten aufgrund seines hohen Daches und thermisch nicht zufriedenstellender Konstruktion allerdings nur, wenn das Wetter es zuläßt - er ist also eine echte Nebenanlage.

Beispiel 2: Nachbarschaftsrecht
An ein Doppelhaus in Hanglage sollte zur besseren Nutzung des zugigen Balkons an die linke Haushälfte ein Wintergarten angebaut werden (Abb. 4.1.5). Das Problem: Der Nachbar verweigerte seine Zustimmung, da er Lichtverluste für seinen Balkon im Erdgeschoß und für die Terrasse im Untergeschoß befürchtete.

4.1.5 und 4.1.6
4.1.5:
Skizze des ersten Vorentwurfs für ein Glashaus.
4.1.6:
... statt Glashaus nun eine Pergola

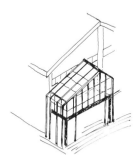

Ohne seine Einwilligung aber konnte das gesamte Projekt nicht durchgeführt werden. Blieb als Alternative nur die Errichtung einer zweigeschossigen Pergola, denn diese ist auch ohne Zustimmung des Nachbarn zulässig (Abb. 4.1.6).

Sie erfüllte am Ende fast alle Wünsche ebensogut wie der ursprünglich geplante Wintergarten. Der Freisitz bietet Schutz vor Regen und Wind, indem er in Teilbereichen mit einer Einfachverglasungen versehen wurde. Eingehängte Markisen sorgen für den nötigen Sonnenschutz, Berankungen und eine Trennwand zum Nachbarn geben Sichtschutz. Außerdem wurde ein zusätzlicher Zugang von der Wohnebene im Erdgeschoß zum Garten geschaffen. Die Nutzungszeiten und die Nutzungsvielfalt wurden auf diese Weise bei relativ niedrigen Baukosten wesentlich erhöht, ein Ergebnis, das die Wünsche und Vorstellungen der Bauherren sogar besser umsetzt, als ein geschlossenes Glashaus dies vermocht hätte. Eine Verglasung der Loggia im Obergeschoß schließlich verbessert auch deren Wohn- und Nutzqualitäten.

Beispiel 3: Brandschutzdach
Abb. 4.1.7 zeigt ein typisches Beispiel für die Genehmigungslage von Wintergärten in einem Gebäude mit mehr als zwei Wohnungen. Vier der sechs Eigentumswohnungen in dieser Wohnanlage sollten einen eigenen Wintergarten mit Dachverglasung bekommen. Um den Brandschutzanforderungen zu genügen, mußten jedoch die Wintergärten im Erdgeschoß mit einer harten Bedachung, also Dachpfannen, ausgeführt werden, um einen Brandüberschlag zu verhindern.

Für die Bewohner des Erdgeschosses hat sich dieser Kompromiß als Glücksfall erwiesen. Schon die Intensität des Lichteinfalls in den mit Ziegeln eingedeckten (Abb. 4.1.8) im Vergleich zum rundum verglasten Wintergarten (Abb. 4.1.9) und das Schattenspiel lassen die Unterschiede im Temperaturniveau und in der Nutzbarkeit der beiden Varianten erahnen. Gegen die hohen Temperaturen im Wintergarten mit Glasdach im ersten Obergeschoß hilft im Sommer nur eine großzügige Beschattungsvorrichtung. Auf sie können die Bewohner des Erdgeschosses verzichten.

Beispiel 4: Brandschutz in dichter Bebauung
Im Zuge der Renovierung eines Reihenhauses in Innenstadtlage nutzten die Bewohner die Gelegenheit, zum Garten hin einen Wintergarten anzubauen (Abb. 4.1.10 und 4.1.11). Das mehrgeschossige Glashaus erweitert den Wohnraum und bringt viel Licht ins Innere. Dabei war es zunächst alles andere als sicher, ob der transparente Anbau überhaupt genehmigt werden würde. Im Weg standen die Brandschutzanforderungen der Landesbau-

4.1.7 - 4.1.9
Terrassenwohnanlage mit Wintergärten

4.1.8:
Innenansicht Wintergarten im Erdgeschoß

4.1.9:
Innenansicht Wintergarten erstes Obergeschoß

4.4.10 und 4.1.11

4.1.10 *oben*
Abschlußwand des Wintergartens in dichter Bebauung zum Nachbarhaus

4.1.11 *unten*
Geschickte Lösung: Heizung hinter Brandschutzpaneel und Durchblick zum Nachbarn durch Brandschutzglas.

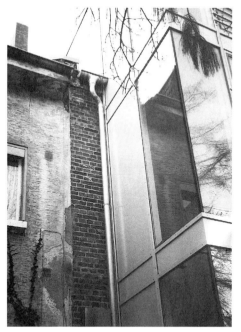

ordnung, die eine feuerbeständige Konstruktion forderte (Feuerwiderstandsklasse F 90).

Schließlich fanden Bauamt und Planer einen Kompromiß. Genehmigt wurde der Wintergarten unter folgenden Auflagen:

- Grenzabstand von einem Meter.
- Einsatz eines massiven Paneels (Feuerwiderstandsklasse F 90) als direkten Anschluß zum Wohnhaus. Dessen Aufbau von außen nach innen: Blech, Styrodur, Dampfsperre, Gipskartonplatten doppellagig.
- Zum Nachbarn hin Verwendung von Brandschutzglas (F 30).

Hilfreich bei der Genehmigung wirkte sich außerdem der Umstand aus, daß in der Nachbarschaft bereits eine Reihe von Wintergärten nachträglich angebaut wurden, es sich also um eine ortsübliche Bebauung handelt.

4.2 Nutzung klären und Standort untersuchen

Was die Form, Lage und Ausrichtung eines Wintergartens betrifft, so lassen bestehende Baukörper nur einen begrenzten Spielraum zu. In der Regel wird ein Anbau entworfen, der keine großen Veränderungen der vorhandenen Bausubstanz erforderlich macht.

Beim Neubau lassen sich Wintergärten besser in Architektur und Wohnorganisation einbinden. Doch kann es auch hier Schwierigkeiten geben, wenn etwa der Bebauungsplan eine optimale Orientierung nach der Sonne nicht zuläßt.

Grundsätzlich wird jeder Entwurf von der Entscheidung abhängen, wie der Wintergarten

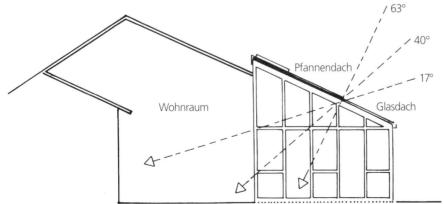

4.2.4 und 4.2.5
Das eingeschossige Haus sollte nachträglich einen Wintergarten-Anbau bekommen. Die Vorgaben lauteten: Das Glashaus sollte über eine möglichst große Raumtiefe verfügen, die vorhandene Dachneigung aufnehmen und einen Wohnraum nach Süden hin bieten. Die Lösung: Nach genauer Analyse der jahres- und tageszeitlich wechselnden Sonnenstände und der damit zusammenhängenden Einstrahlungstiefen entschieden sich Planer und Bauherr für ein teilmassives Dach. Durch die große Westverglasung kann die Abendsonne genutzt werden, die Höhe des Raumes gewährleistet eine gute Thermik und der massive Teil des Daches sowie der Baumbestand übernehmen Verschattungsfunktion.

4.2.4 *oben*:
Ansicht

4.2.5 *unten*:
Planung nach dem Sonnenstand (Schnitt)

4.2.1 *links oben*
Die Ost-West Ausrichtung des Hauses und das weit nach unten gezogene Satteldach ließen nach Süden nur einen komplett vorgelagerten Anbau zu. Wegen der großen Abstrahlungsflächen und mangelhafter Thermik aufgrund der geringen Dachneigung kommt es zu großen Klimaschwankungen im Glashaus. Die Folge: Es ist jahres- und tageszeitlich nur sehr eingeschränkt nutzbar.

4.2.2 und 4.2.3
Eine knifflige Aufgabe war dieser Wintergarten: Die verwinkelte Hausform, der vorhandene Balkon und die Nähe zur Grundstücksgrenze erzwangen einen schmalen Anbau mit steilem Dach. In der Höhe ist er durch den umbauten Balkon kaum nutzbar - hat allerdings guten Warmluftauftrieb. Darüber hinaus verteuerten die nötigen Sonderformate der Dachglasscheiben den Anbau gehörig.

4.2.2 *rechts oben*:
Ansicht

4.2.3 *rechts unten*:
Die komplizierte Bauform im Grundriß

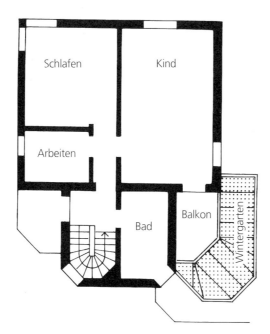

im Einzelfall genutzt werden soll. Denn die vorgesehene Nutzung des Glashauses definiert auch die unterschiedlichen Anforderungen an Licht und Wärme, angepaßte Dachneigungen, Höhe und Größe (vgl. Kap. 3). Daher ist es eine wichtige Aufgabe, die Ansprüche an den Wintergarten schon vor der eigentlichen Entwurfsarbeit möglichst genau festzulegen. Erst wenn der Schwerpunkt der Nutzung definiert ist, kann die Entwurfsplanung beginnen.

Ob überhaupt und auf welche Art eine der Nutzung angepaßte gestalterische und konstruktive Lösung gefunden werden kann, ergibt zunächst die Untersuchung aller standortgebundenen Einflußfaktoren: Die Ausrichtung des bestehenden und eines neuen Baukörpers, vorhandene Dachneigungen, Platzangebot und

4.2.6
Beispiel für ein Neubauvorhaben: Die Bebauung des Grundstücks erforderte die Schließung der Straßenflucht nach Osten und legte damit die Ausrichtung der Gebäude nach Westen fest. Eine Südorientierung der geplanten Wintergärten wurde dennoch erreicht: durch vorgelagerte Glashäuser mit nach Süden hin geneigten Dächern. Optimiert wird der Entwurf durch eine senkrechte Verglasung nach Westen, eine Verschattung erhalten die Glashäuser durch Sonnenkollektoren, die zweigeschossige Konstruktion gewährleistet außerdem gute thermische Voraussetzungen.

Beschattung durch Nachbargebäude sind erst einmal die wichtigsten Einflußfaktoren.

Oft müssen hier Kompromisse eingegangen werden, die das klimatische Verhalten eines Wintergartens ungünstig beeinflussen. Angestrebte Nutzungen sind dann eingeschränkt, mitunter auch nur durch erheblichen Einsatz technischer Hilfsmittel, etwa Lüftungsvorrichtungen oder eine Heizung, möglich.

Bei der Realisierung der Anlagen mögen dann die klimatischen und gestalterischen Qualitäten von Fall zu Fall einiges zu wünschen übrig lassen. Das wichtigste Kriterium dafür, wie „gut" oder „schlecht" ein Wintergarten gelungen ist, sollte aber vor allem die Zufriedenheit der Bewohner sein. Auch dann, wenn sie mit ihrem Wintergarten auch einmal „schlechte (Jahres-)Zeiten" erleben. Die abgebildeten Beispiele zeigen, welche Kompromisse in Bezug auf Nutzbarkeit und/oder Gestaltung beim Wintergarten zuweilen nötig werden.

4.3.1 bis 4.3.5
Der Wintergarten als Pufferzone, Ökosiedlung Kassel

4.3.1: Ansicht des Wintergartens elf Jahre nach Fertigstellung.

4.3 Anspruch und Wirklichkeit

Unterschiedliche Wintergartenkonzepte können am besten anhand gebauter Beispiele erläutert werden. Denn einzig hier läßt sich dokumentieren, welche Erwartungen die Bewohner ursprünglich hegten, ob sich diese erfüllt haben, welche Erfahrung sie im Laufe der Zeit machten und in welchem Zustand sich das Glashaus heute präsentiert. Die folgenden Beispiele werden zeigen, daß ein Glashaus manchmal fast zum Abenteuer geraten kann und oft für Überraschungen gut ist. Es soll aber auch deutlich werden, daß ein Wintergarten bei sorgfältiger Planung und Ausführung sehr wohl die in ihn gesteckten Erwartungen erfüllen kann, vielleicht sogar in größerem Maße als ursprünglich vermutet. Auch beim Glas kommt es darauf an, was man daraus macht! Jeder der vorgestellten Wintergärten hat nutzungsbegünstigende oder -beeinträchtigende Eigenheiten, aus dem sich dann sein spezifischer Charakter erklärt.

4.3.1 Die Pioniere

Zwei Wintergärten sollen hier vorgestellt werden, die beide älter sind als zehn Jahre. Ihre Entwürfe sind vor allem von der Experimentierfreude geprägt, die Anfang der achtziger Jahre im Glashausbau vorherrschte.

Klassische Pufferzone
Ein typisches Kind seiner Zeit ist der Wintergarten im Wohnkonzept der Ökologischen Siedlung Kassel (Abb. 4.3.1 bis 4.3.5). Er ist dem Kernhaus als energetischer Puffer und temporärer Wärmelieferant vorgesetzt. Die eigentliche Südfassade des Kernhauses, eine gut gedämmte Leichtbauwand, liegt zwischen Wintergarten und Wohnraum. Über unterschiedlich ausgebildete, verschließbare Öffnungen in der Wand kann je nach Angebot Wärme und

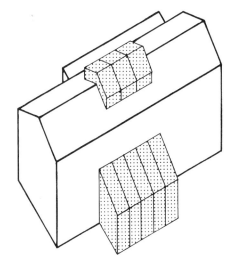

4.3.2 *oben links*
Die Zwischenwand vom Glashaus zum Kernhaus mit unterschiedlichen Öffnungen zur Belichtung und Belüftung.

4.3.3 *oben Mitte*
Die Zwischenwand vom Kernhaus aus gesehen

4.3.4 *oben rechts*
Innenansicht des Wintergartens mit Blick auf die äußere Berankung.

4.3.5 *unten rechts*
Isometrie. Zeichnung: HHS Planer

Licht in den rückwärtigen Bereich geführt werden.

Die bauliche Gestaltung und die der Nutzung angepaßte Konstruktion mit einer Einfachverglasung lassen keine direkte Einbeziehung des Glashauses in den Wohnbereich zu. Der Versuchung, einen Wärmepuffer in einen vollwertigen Wohnraum umzuwandeln, kann deshalb von vornherein niemand erliegen. Doch darauf kam es den Bewohnern ohnehin nicht an. Sie sind zufrieden mit ihrem Wintergarten, so wie er ist. Ein besonderer Raum soll er sein, der je nach Wetter genutzt wird oder auch nicht. Stabile klimatische Verhältnisse sind nicht erforderlich, es darf hier durchaus einmal zu heiß werden oder zu kalt, auch kurzer Frost schadet nicht. Allerdings sorgen Heizkörper dafür, daß die Pflanzen, die zum Überwintern in den Wintergarten gestellt werden, nicht erfrieren.

Die geschickte Raumgliederung und Belichtung des Kernhauses bieten außerdem so zufriedenstellende Qualitäten, daß sich das Leben der Familie im Winter auf den inneren Kernbereich konzentrieren kann. In den übrigen Jahreszeiten dehnt es sich nach außen -und damit auch in den Wintergarten - aus.

Das Glashaus hat sich aufgrund der angepaßten Konstruktion und der jahreszeitlich konsequenten Nutzung bestens bewährt: Als Wärmepuffer, so die subjektive Erfahrung der Hausbewohner, verbessert auch der Wintergarten das Raumklima und wirkt sich zudem günstig auf die Wärmebilanz des Gebäudes aus, was sich an den verhältnismäßig geringen jährlichen Heizkosten für das Haus ablesen läßt.

Der Alleskönner
Am Anfang des „Solarhauses Friedrichsfehn" (Abb. 4.3.6 bis 4.3.13), Baujahr 1984, stand der Wunsch der Baufamilie nach einem hellen und großzügigen Wohnhaus. Geprägt durch die Eindrücke der Ölkrise Mitte der siebziger Jahre, sollte es auf jeden Fall ein Energiesparhaus sein. Auf der Suche nach Lösungen stieß die Familie auf einen Architekten mit Vision. Er hatte die Vorstellung einer Wärmespeicherwand und wollte diese endlich auch baulich umsetzen. Das Zusammenspiel aus Wunsch und Theorie stürzte alle Baubeteiligten in ein Abenteuer, das sie, abgesehen von einigen Mißerfolgen, am Ende heil und zufrieden überstanden.

Den zentralen Punkt des Hauskonzeptes - und zwar im Wortsinn - bildet die massive Wärmespeicherwand. Um sie herum gruppieren sich die Wohnräume, deren Lage der Sonneneinstrahlung gemäß der Tageszeit angepaßt wurde. Nach Süden hin schließt sich das zweigeschossige Glashaus an. Die hier gewonnene Warmluft wird über einen Luftkollektor oberhalb des Glashauses in die Wärmespeicherwand geführt. Die erwärmte Luft streicht durch mehrere in die Wand eingemauerte Luftkanäle aus Metall und wird dann an das Mauerwerk abgegeben. Die so abgekühlte Luft kehrt schließlich durch Lüftungskanäle im Fußbodenpodest wieder ins Glashaus zurück - ein Kreislauf also.

Eine weitere Besonderheit dieses Systems: Der solare Luftkollektor wurde mit einem Warmwasserkollektor kombiniert. Schwarze, wasserdurchflossene Bleche liegen unterhalb der Glasabdeckung des Luftkollektors. Der Luftkollektor läßt sich schließen, z.B. bei hohen Temperaturen im Glashaus, so daß nur noch der Warmwasserkollektor in Betrieb bleibt.

Als konventionelle Zusatzheizung für das Kernhaus dient eine erdgasbetriebene Luftheizung.

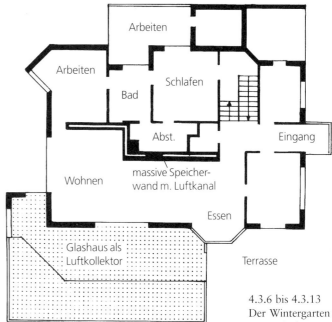

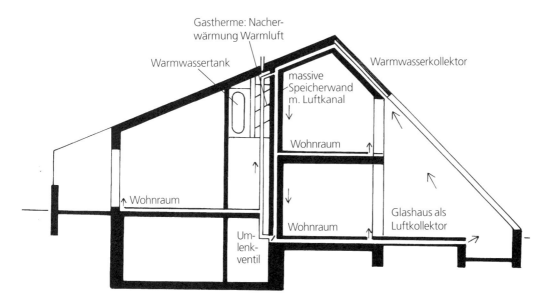

4.3.6 bis 4.3.13
Der Wintergarten als Energielieferant (Fotos: I. Gabriel)

4.3.6 *links oben*: Ansicht des Wintergartens kurz nach seiner Fertigstellung

4.3.7 *rechts oben*: Grundriß (EG) des Wintergartens. (Graphik: Gabriel/Denzer)

4.3.8 *links Mitte*: Der Bau des Luftkollektors mit einem Leitungssystem zur Luftführung und -ansaugung.

4.3.9 *links unten*: Schema des Wärmeversorgungs-Systems (Schnitt). (Graphik: Gabriel/Haupt)

4.3.10 *oben*:
Der Bau der massiven Wärmespeicherwand.

4.3.11 *unten*:
Das Einmauen der Lulftkanäle aus Metall in die Wand.

4.3.12 *oben*:
Der Wohnraum zwischen rückwärtiger Speicherwand und Glashaus.

4.3.13 *unten*:
Innenraum des Glashauses heute.

Gedacht war dieses Glashaus als Alleskönner: Energiesystem, Wohnraum und Grünhaus in einem sollte es sein. Die Idee dahinter: Tagsüber, wenn niemand zu Hause ist, lädt der Luftkollektor die Speicherwand mit Wärme auf, die abends dann wieder abgegeben wird. Um das Klima im Glashaus erträglich zu halten, wurde es so ausgelegt, daß die maximale Lufttemperatur bei etwa 35°C liegen sollte. Die Dachneigung von 45° erschien funktional günstig, da sie eine vielfältige Nutzung zuläßt, auch wenn sie für die winterliche Sonneneinstrahlung nicht optimal ist und im Sommer starke Einstrahlung zuläßt.

Die hohen Erwartungen an das energetische Konzept allerdings wurden nicht erfüllt: Bis heute hat das Energiesystem nicht funktioniert. Im Glashaus werden aufgrund von Undichtigkeiten in der Konstruktion nicht so hohe Temperaturen erreicht, daß sie energetisch nutzbar wären. Zum anderen ergab sich schon bald die mißliche Situation, daß sich zwar die Speicherwand mit Wärme aus dem Wintergarten auflud, die Pflanzen allerdings unter den sinkenden Temperaturen im Glashaus stark zu leiden hatten und häufig eingingen. Im Sommer hingegen wurden schon einmal Temperaturen von über 50 Grad im gemessen.

Heute haben die Bewohner daher das Systems einfach umgekehrt. An sehr kalten Wintertagen transportiert die Speicherwand Warmluft aus dem beheizten Kernhaus ins Glashaus und schützt so die empfindlichen mediterranen Pflanzen vor Frost. Über Fenster und Türen findet zudem das ganze Jahr über ein direkter Luft- und Wärmeaustausch zwischen Glas- und Kernhaus statt: Inzwischen dient das Glashaus nur noch auf direktem Weg, nämlich durch Fenster und Türen zur Temperierung des Kernhauses. Die konventionelle Gas-Luftheizung läuft im Winter auf kleinster Stufe und bedient das Kernhaus. Der „Heizkreislauf" zwischen Kerngebäude, Wärmespeicherwand und Wintergarten beschränkt sich heute nur noch auf die beiden ersten Komponenten, der Wintergarten wird also nicht mehr als Wärmequelle genutzt.

Ein weiteres Problem bei diesem Wintergarten-Konzept ist die hohe Luftfeuchtigkeit im Raum, verursacht nicht nur durch die Bepflanzung an sich, sondern vor allem durch das offene Pflanzbeet mit Moorerde. Die Folge waren erhebliche Tauwasser-Schäden an Tragwerk, Dach und Schwellen (vgl. Kap. 6). In diesem Zusammenhang ist es übrigens von Vorteil, daß die Konstruktion wenig fugendicht ist, da dies zur notwendigen Durchlüftung des feuchten Gewächshauses beiträgt.

Ein weiterer Minuspunkt: Das Glas auf dem Dach war mit silikonabgedichteten Holzprofilen befestigt worden. Die Auswirkungen zeigten sich schon recht bald. Das Holz faulte, die Versiegelung löste sich auf, es kam zu Undichtigkeiten, die bei Regen und Schnee Feuchtigkeit ins Glashaus trugen. Zu allem Überfluß führten Verglasungsfehler auch noch zu diversen Glasbrüchen, so daß schließlich alle Scheiben per Trockenverglasung und mit Aluprofilen versehen neu in die Konstruktion eingesetzt werden mußten.

Die Undichtigkeiten sind seither fast behoben, allerdings sind ihre Spuren auf dem Holz noch stellenweise sichtbar: Die Glashauskonstruktion zeigt Flecken und Ansatz von Moder. Auf den Böden sind Gießspuren durch die langjährige Benutzung nicht zu vermeiden.

Die Bewohner nehmen die Situation gelassen. Sie leben heute gerne auch mit den Unzulänglichkeiten ihres Wintergartens, akzeptieren seine Eigenheiten und nutzen ihn entsprechend.

Übereinstimmend, so ihr Urteil, gewinnen sie durch den Wintergarten erhebliche Lebens- und Wohnqualität: Sie wohnen inmitten von Pflanzen, sehen ihre Blüten, riechen ihren Duft.

Außerdem: Das Leben in den Übergangszeiten wird aufgewertet, wichtig besonders in einer Region, in der die „Übergangszeit" die längste Jahreszeit darstellt. Gerade hier im Moorgebiet, wo Frühjahr und Herbst länger dauern als anderswo, ist der Stellenwert eines Glashauses sehr hoch.

So finden die Bewohner ihren Wintergarten-Mix immer noch anregend, wenn auch nicht mehr so aufregend wie früher.

4.3.2 Die Erben

Der ersten Experimentierfreude Anfang der achtziger Jahre folgten Mitte des Jahrzehnts Entwürfe, die die Erfahrungen der Vorgänger in ihre Planung bereits mit einbezogen und so die besonders eklatanten Fehler vermeiden konnten. Drei Beispiele machen den Fortschritt deutlich.

Extreme zulassen
Der Wintergarten aus dem Jahr 1988 wurde als großer, zweigeschossiger Anbau nach Süden hin ausgerichtet (Abb. 4.3.14 bis 4.3.17). Da das Kernhaus ausreichend Wohnraum mit guter Belichtung bietet, wurde das Glashaus als Zwischenzone ohne aufwendige Bepflanzung, aber mit der Möglichkeit einer eingeschränkten Begrünung geplant.

Bei Entwurf und Ausführung machten sich die Erfahrungen des Architekten und der Bauhandwerker bezahlt. Das Holzskelett mit Pultdach steht zwischen zwei gedämmten Stahlbetonscheiben, die für die nötige Standsicherheit sorgen, so daß auf diagonale Aussteifungen verzichtet werden konnte. Hinter den Betonscheiben ist ein schmaler Streifen Flachdach angeschlossen, unter dem jeweils ein kleines Pflanzbeet liegt. Die Flachdächer ermöglichen den Einbau von Fenstern zur direkten Belüftung der Schlafräume im Obergeschoß. Ausgeführt wurde der Wintergarten komplett mit Wärmeschutzverglasung. Auch seine Anbindung an Wohnraum, Arbeitsraum und Schlafzimmer erfolgte durch wärmeschutzverglaste Fenster und Türen. Alle zum Wintergarten hin orientierten Räume können jedoch zusätzlich durch separate Fenster belüftet werden.

Temperiert wird der Wintergarten durch mehrere Heizkörper und eine Lüftungsanlage mit großen, thermisch gesteuerten Entlüftungen und kleinen Zuluftklappen, die von Hand bedient werden und ständig geöffnet bleiben können. Wegen ihrer geringen Größe besteht keine Einbruchgefahr. Bei geöffneten (kleinen) Zuluftklappen ist die Temperatur im Glashaus um nicht mehr als 15°C höher als die Außenluft. Sobald jemand zu Hause ist und die großen Türen öffnet, sinken die Temperaturunterschiede zwischen innen und außen auf 4 bis 5°C.

Die Vorteile dieser Lösung liegen auf der Hand: Der Installationsaufwand ist gering, die Ausführung einfach, ein Öffnungsmechanismus in der Vorderwand, der die Bewegungsfreiheit stören würde, kann vermieden werden, und eine Beschattung ist nicht nötig. Der Granitplattenbelag des Glashauses ist nicht nur robust, er entspricht auch den ästhethischen Vorstellungen der Baufamilie, die dadurch vor allem den Raumcharakter betont sieht.

Das Konzept hat sich bewährt, die Zufriedenheit der Bewohner mit ihrem Wintergarten ist groß. Die mächtige Bauform des Glashauses

4.3.14 bis 4.3.17
Zweigeschossiger Wintergarten-Anbau

4.3.14 *oben links*: Wintergarten kurz nach Fertigstellung.

4.3.15 *oben rechts*: Grundriß des Erdgeschosses. (Graphik: Kuth/Denzer)

4.3.16 *unten links*: Wintergarten heute mit üppiger Außenbepflanzung.

4.3.17 *unten rechts*: Der Wohnraum mit Blick in den Wintergarten. Unterschiedliche Lichtverhältnisse schaffen Raumqualitäten.

ist immer noch spürbar, sie wird aber durch - vorsichtige - Bepflanzungen innen und außen gemildert. Tatsächlich kann der Wintergarten das ganze Jahr über als Zwischenzone genutzt werden: zum Feiern, als Spielraum für die Kinder oder einfach zum Ausruhen. Dadurch, daß das Glashaus nicht intensiv genutzt wird, können temporäre Nutzungsbeeinträchtigungen durchaus in Kauf genommen werden.

Klimatisch verhält sich der Wintergartens im großen und ganzen wie erwartet. In Sommer, so das subjektive Empfinden der Bewohner, die bislang keine Messungen vornehmen ließen, funktioniert das Lüftungskonzept bestens. Ein-

4.3.18 bis 4.3.21
Der Wintergarten als
Wohnraumerweiterung

4.3.18 *oben*:
Die Gartenansicht.

4.3.19 *unten*:
Funktionsschnitt der
Lüftungsströmung.
(Graphik: Schendzilorz/
Denzer)

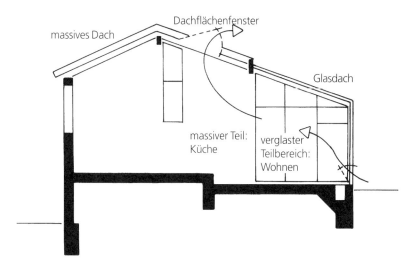

zige Beeinträchtigung: Während der Mittagszeit blendet die Sonne, sonst bietet die Außenbepflanzung ausreichenden Schutz. Außerdem ist die Wärmebelastung des Kernhauses an besonders heißen Tagen durchaus spürbar, die Wärmeschutzverglasung zwischen Wohnräumen und Glashaus ist wohl doch nicht ausreichend.

In den Übergangszeiten loben die Bewohner das sehr angenehme Wechselspiel zwischen Wärme und Kühle, Licht und Schatten, das ihr Wintergarten bietet.

Im Winter wird das Glashaus nur temperiert, nicht aber geheizt. Dann ist es häufig kühl und feucht, so daß es vereinzelt zu Tauwasserproblemen an der Wärmeschutzverglasung im Dach und auf der Innenseite des Traufpunktes kommt. Dort ist dann auch schon einmal Schimmelbildung zu beobachten. Die Erklärung dafür zeigt noch einmal die Komplexität des klimatischen Systems Wintergarten: Aufgrund der Hinterlüftung der Verglasung und dem von außen nach innen reichenden Rinneisen bildet sich am Traufpunkt eine Kältebrücke. Wegen seiner ausladenden Form kühlt sich das Glashaus im Winter recht stark ab. Da der Wintergarten zudem wenig Abwärme vom Haupthaus bekommt - das Wärmeschutzglas zeigt Wirkung - helfen gegen die Feuchtebelastung im Winter nur Heizen und Lüften, auch wenn dies die Energiebilanz insgesamt verschlechtert.

Wohnraum schaffen
Dieses Beispiel zeigt eine Wohnraumerweiterung an ein Mehrfamilienhaus nach Westen (Abb. 4.3.18 bis 4.3.21). Der Wunsch der Be-

wohner war vor allem, mehr Licht zu gewinnen und das Wohnhaus zum Garten hin zu öffnen. Die Idee zum Bau eines Glashauses lag daher nahe. Doch schon in der Planungsphase gab es erhebliche Bedenken bezüglich der Funktionstüchtigkeit eines völlig verglasten Wintergartens. Daher einigten sich Architekt und Baufamilie auf einen Kompromiß und änderten das ursprüngliche Konzept. Aus einem komplett verglasten Wintergarten wurde ein massiver, vollständig in das Kernhaus integrierter ziegelgedeckter Anbau mit kleineren Fenstern zur Straßenseite und zum Nachbarn und großer Verglasung zum Garten. Die Vorteile: Durch die Verglasung der Westseite bleibt die Wärmebelastung durch die Sonne gering, allerdings wurde wegen der offenen Gestaltung und großzügigen Nutzung ein guter Wärmeschutz notwendig. Die Lüftung des neuen Wohnraums erfolgt über Zuluftklappen in der Glaskonstruktion, die Abluft entweicht über Dachflächenfenster. Geheizt wird mit einem Unterflurkonvektor direkt an der Verglasung, im übrigen Raum sind konventionelle Heizkörper installiert. Um große Temperaturschwankungen zu mindern erhielt der Anbau massive Wände. Dem Charakter des Wohnraums entsprechend wurde der Fußboden in Holz ausgeführt.

Die Erfahrungen der Bewohner sind durchweg positiv. Das Konzept ist stimmig, der neue, verglaste Wohnraum bietet viel Offenheit bei Tag - er ermöglicht es zum Beispiel, die Kinder beim Spielen im Garten im Auge zu behalten - und Privatheit und Rückzugsmöglichkeit bei Nacht. Er schafft Geborgenheit, eine hohe Wohnqualität, stabile thermische Verhält-

4.3.20 *oben*:
Licht- und Schattenspiel im Innenraum.

4.3.21 *unten*:
Offenheit bei Tage: Ausblick in den Garten.

nisse, Nutzbarkeit zu jeder Tages- und Jahreszeit und das alles bei niedrigen Heizkosten.

„Denn sie wissen nicht, was sie tun"
In diesem Beispiel ging es eigentlich nur darum, eine nach Süden und Westen hin ausgerichtete L-förmige Terrasse zu überdecken (Abb. 4.3.22 bis 4.3.25). Bedingt durch die unterschiedlichen Tiefen der Terrassenbereiche entstanden auf der Südseite ein Pultdach und auf der Westseite ein ungleichschenkliges Satteldach.

Da der Wintergarten nur als wettergeschützter Aufenthaltsbereich für Bewohner und Pflanzen sowie als Durchgang zum Garten und zur Garage geplant war, wurde er recht einfach ausgeführt. Für den nicht zu beheizenden Raum konnte die Holzkonstruktion mit üblichem Isolierglas gedeckt werden, der alte Terrassenboden blieb erhalten, wurde noch nicht einmal zusätzlich gedämmt. Automatisch gesteuerte Lüftungsklappen und große Türen in verschiedene Richtungen dienen zur Temperaturregulierung.

Erst nach seiner Fertigstellung haben die Bewohner die Qualitäten des Raumes entdeckt: Heute wird der Wintergarten als vollwertiger Wohnraum genutzt, auch wenn er im Winter nur auf einen Teilbereich vor dem ehemals offenen Kamin der Terrasse beschränkt bleibt. Hier frühstückt die Familie inzwischen das ganze Jahr über. Um dies zu ermöglichen, wurden nachträglich im großen Raum Elektroheizkörper installiert.

4.3.22 bis 4.3.25
Eine überdachte Terrasse wird zum ganzjährig genutzten Frühstücksraum

4.3.22
Ansicht nach Fertigstellung.

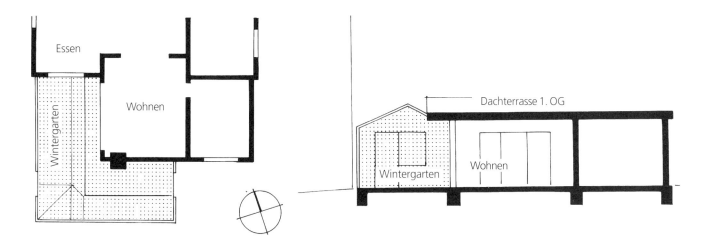

4.3.23 *oben*:
Grundriß und Schnitt des Wintergartens. (Graphik: Knäuper/Denzer)

4.3.24 *unten links*:
Innenansicht nach Fertigstellung.

4.3.25 *unten rechts*:
Frühstücksplatz mit Kamin heute.

Da sich im Sommer aufgrund der großen und wenig geneigten Dachflächen Überhitzungen nicht vermeiden lassen, wurden im Laufe der Jahre außerdem nach und nach Beschattungseinrichtungen eingebaut. Bedingt durch die Eigenheiten der Dachkonstruktion - Zugbalken und Öffnungsvorrichtungen im Westteil - wurden viele Einzelmaßnahmen zu einem regelrechten Verschattungspotpourri kombiniert. Es zeigen sich jetzt Unzulänglichkeiten aufgrund der unvorgesehenen Nutzung, die sich nicht alle mit Hilfe von Technik kompensieren lassen. Einige müssen schlicht hingenommen werden - ein Nachteil, der die hohe Zufriedenheit der Bewohner keineswegs relativiert. Sie schätzen vor allem das neue Wohnerlebnis mit viel Helligkeit - die Zimmerpflanzen gedeihen prächtig - und der Möglichkeit, Natur und Wetter ganz anders zu erleben als je zuvor.

4.4. Besonderheiten: Was Wintergartennutzer erleben

Überhitzung im Sommer, Abkühlung im Winter - solange sich diese Phänomene im Rahmen halten, nehmen die meisten Wintergartennutzer dies als typische und unvermeidbare Begleiterscheinungen klaglos hin. Doch in so manchem Wintergarten zeigen sich immer wieder thermische Zustände, die bei der Planung nicht in ausreichendem Maße berücksichtigt oder erst gar nicht bedacht wurden. Sie können so extrem sein, daß eine Nutzung unmöglich wird oder nur durch einen großen technischen Aufwand aufrecht erhalten werden kann. Dokumentieren lassen sich solche Erscheinungen nur schwer. Doch hin und wieder ist zu beobachten, daß ein Wintergarten im Sommer oder Winter nur noch als Abstellkammer dient oder gänzlich leersteht, was Aufschluß über unerträgliche Zustände im Glashaus gibt. Typisch auch die Klagen von Bewohnern eines zum Wohnraum hin offenen Wintergartens: Sie leiden häufig unter starken Zugerscheinungen und zwar fast ausschließlich in den Wintermonaten. Stößt man in Wintergärten auf ganze Heizkörpersammlungen (womöglich sogar noch unterschiedlicher Art), lassen sich die Probleme mit einer zufriedenstellenden Temperierung des Glashauses leicht erahnen ...

Völlig offensichtlich werden die klimatischen Probleme schließlich, wenn Pflanzen verkümmern oder die Konstruktion Bauschäden aufweist (vgl. Kap 6). Letztere sind fast immer auf hohe Feuchtebelastungen zurückzuführen (vgl. Kap. 2). Die Ursache dafür - mangelhafte Lüftung, geometrisch ungünstige Ecken, die nicht von der Luft durchströmt werden, Einbauten oder Bepflanzungen, die den Abtransport von Feuchtigkeit behindern (vgl. Kap. 6 und 7) - machen sich erst im Laufe der Zeit bemerkbar.

Die beiden nachfolgenden Beispiele zeigen, wie Konstruktionsschwächen und Glashausklima einander bedingen.

Architektonisch ein Kleinod, ist dieser Wintergarten im Winter doch noch für Überraschungen gut (Abb. 4.4.2 und 4.4.3). Bei einer Außentemperatur von -15°C sitzt der Bauherr im gut beheizten Glashaus. Ohne viel Freude, denn es zieht enorm im ganzen Raum. Zunächst vermutet er Undichtigkeiten in der Konstruktion, doch die lassen sich auch nach mehrfacher Suche nicht aufspüren. Schließlich findet sich die Erklärung: Für die Nutzung als Wohnraum ist die Konstruktion des Wintergartens einfach ungeeignet. Der vorgelagerte Anbau hat große Abstrahlflächen nach außen,

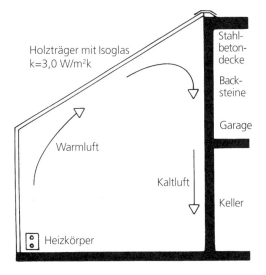

4.4.1 *links*
Eine Ansammlung von Heizkörpern ist ein Hinweis auf wärmetechnische Probleme.

4.4.2 und 4.4.3
Nicht jedes Glashaus ist zum Wohnen geeignet ...

4.4.2 *rechts oben*:
Vorgelagerter Wintergarten in Seitenansicht

4.4.3 *rechts unten*:
Konvektion im vorgelagerten Glashaus

4.4.4
Ein Wintergarten im wahrsten Sinn des Wortes: Eisblumen im Winter.

gleichzeitig sind die Umschließungen thermisch völlig ungenügend: Der k-Wert des verwendeten Isolierglases liegt nur bei 3,0 W/m²K, die Dämmwirkung der 24er Backsteinwand zwischen Kernhaus, Garage (deren Tor auch im Winter oft offensteht) und Keller ist bestenfalls mäßig, auch die durchgehende Stahlbetondecke und die fehlende Dämmung im Boden verschlechtern den Wärmehaushalt.

Um das Gebäude überhaupt ausreichend zu temperieren, arbeitet die Heizung mit einer Vorlauftemperatur von 70°C. Die Folge: starke Konvektion, die im Glashaus zu großen Zugerscheinungen führt. Hier Abhilfe zu schaffen ist schwer. Ratsam wäre, die Nutzung im Winter einzustellen, doch dies wollen die Bewohner möglichst umgehen. Also wurde ein zusätzlicher Elektro-Heizstrahler angeschafft, wenn's sein muß, setzt der Hausherr im Glashaus aber auch schon einmal eine Mütze auf. Die ganzjährige Nutzung ist den Bewohnern übrigens viel wert: Der Mehraufwand für Beheizung belief sich in einer besonders kalten Heizperiode auf nachweislich etwa 1000 Mark.

Auch im zweiten Beispiel (Abb. 4.4.4) haben Planungs- und Baufehler längerfristig große Folgen. Hier vereisen Winter für Winter die Scheiben des Glashauses. Der Grund: Falsch ausgewähltes Glas und wenig Abwärme aus dem Kernhaus. Das Problem der vereisten Scheiben ist dabei nur auf den ersten Blick ein optisches. Schwierigkeiten bereitet vor allem die anfallende Feuchtigkeit, sobald das Eis an der Verglasung abschmilzt. Da sowohl ein ausreichender konstruktiver Holzschutz fehlt als auch der Oberflächenschutz des Holzes völlig mangelhaft ausgeführt wurde, zeigen sich bereits erhebliche Schäden, die über kurz oder lang die Konstruktion gefährden werden.

5. Ausführung:
Die Wintergarten-Konstruktion

Nach der Entwurfsplanung soll es in diesem Kapitel nun um die Konstruktionspraxis gehen. Vorgestellt und bewertet werden Materialien, Ausführungsdetails sowie nötige und mögliche technische Ausstattungen.

Ausgangspunkt jeder Bewertung ist dabei die Überlegung, daß sich die bauliche Ausführung den besonderen klimatischen Bedingungen des Wintergartens anpassen muß, also vor allem einem breiten Temperaturspektrum, großen Temperaturschwankungen und möglicherweise einem hohen Feuchteanfall außen und innen.

Auch in diesem Zusammenhang spielt der Nutzungsschwerpunkt mit seinen jeweiligen Anforderungen wieder eine wichtige Rolle und ist bestimmend für die Wahl der Baustoffe. Diese allein garantieren allerdings noch kein gutes Ergebnis, ebenso wichtig sind die Abstimmung der Materialien und der Konstruktionen aufeinander und Kenntnisse der jeweils fachgerechten Verarbeitung.

5.1 Grundlagen der Konstruktion

Eine gute Konstruktion ist mehr als die Summe qualitativ hochwertiger Einzelteile. Entscheidend ist die Vernetzung der einzelnen Komponenten. Die spezifischen Anforderungen an die Konstruktion ergeben sich beim Wintergartenbau aus den funktionalen Wechselwirkungen zwischen Tragwerk, Verglasung, Verglasungsprofile und Dichtungen.

Tragwerk

Die grundlegende Aufgabe eines Tragwerks ist die Lastaufnahme. Im Wintergartenbau sind für das Tragwerk zwei Konstruktionsarten gebräuchlich. Bei der *Pfosten-Riegel-Bauweise* werden die Glaselemente auf ein zuvor erstelltes tragendes Skelett montiert. In der *Rahmenbauweise* werden vorgefertigte Rahmen, wie man sie aus dem Fensterbau kennt, miteinander zu einem tragenden Gerüst verbunden. Während die Rahmenbauweise meist in Holz, zuweilen auch in Stahl ausgeführt wird, eignen sich für die Pfosten-Riegel-Konstruktion alle gebräuchlichen Trägermaterialien.

Die Berechnung der Lasten erfolgt nach DIN 1055. Differenziert wird in drei Last-Arten mit jeweils unterschiedlicher Bemessung. Die Ei-

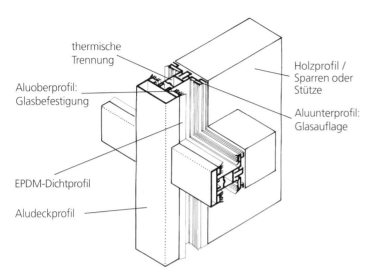

genlast-Berechnung erfolgt je nach Material und Verglasung. Entscheidend für die Bemessung der Windlast sind die nach Gebäudeform unterschiedlichen Staudruckwerte. Die Schneelast schließlich ist abhängig von der geographischen Lage des Gebäudes und wird anhand festgelegter Schneelastzonen bemessen. Alle drei Lastenberechnungen sind abhängig von den gewählten Sparrenabständen der Konstruktion (vgl. Kap. 5.3.4).

Außerdem muß bei Glashaus-Konstruktionen besonders auf die maximal zulässige Durchbiegung des Tragwerks geachtet werden. Diese darf ein Fünfhundertstel der Sparrenlänge (l/500) nicht überschreiten. [20]

5.1.1 *oben*
Isometrie Pfosten-Riegel
(Graphik: bug/Denzer)

5.1.2 *unten links*
Die transparente Fassade besteht aus geschoßhohen, vorgefertigten Fensterelementen. Ihr Vorteil: schlanke Holzquerschnitte und günstigere Kosten als individuell gefertigte Rahmen.

5.1.3 *unten rechts*
Vorgefertigte Fensterelemente haben auch Nachteile: gestalterisch durch Kopplung mehrerer Profile, funktional aufgrund des erhöhten Fugenanteils (Dichtigkeitsprobleme)

Für die Ausführung der Konstruktion gelten ansonsten die üblichen Merkmale für Skelettkonstruktionen wie Aussteifung und Diagonalverbände. Die in Profilstärken und Querschnitten optimierte Konstruktion sollte zudem witterungsbeständig, möglichst langlebig und pflegeleicht sein.

Profilsystem

Verglasungs-Profile sind das Verbindungsglied zwischen Tragwerk und Glas mit der doppelten Funktion, sowohl zu trennen als auch zu verbinden. Weiterhin soll das Profilsystem Tragwerk und Glas vor thermischen Belastungen, und vor allem Feuchtigkeit, schützen, d.h. es muß die gesamte Konstruktion nach innen und außen abdichten und mittels einer Profilierung Regen und Kondenswasser zuverlässig abführen (vgl. Abb. 5.1.1). Bei der Wahl des Profilsystems ist die Abstimmung auf die Eigenart des Isolierglases wichtig: Die Glasauflage muß das recht hohe Gewicht der Scheibe aufnehmen können sowie eine Möglichkeit zur Hinterlüftung und Abführung von Kondenswasser aufweisen. Außerdem muß das Profil den Randverbund des Isolierglases vor zerstörerischer UV-Strahlung schützen.

5.1.4 *links*
Windverband: Blick unter den hinteren Teil eines Wintergartendaches. Durch die diagonale Windrispe im massiven Bereich kann der verglaste vordere Bereich frei von zusätzlichen statischen Verstrebungen bleiben.

5.1.5 *rechts*
Aussteifung: Zur statischen Aussteifung des Wintergartens (Holzsklett) dient hier eine verputzte Stahlbeton-Scheibe.

Weiterhin hat das Profilsystem die Aufgabe, innen- und außenliegende Bauteile wie Tragwerk und Glasbefestigung thermisch zu trennen, um Wärme- und Kältebrücken zu vermeiden und Bauschäden wie Glasbruch und Feuchteschäden möglichst auszuschließen (Abb. 5.1.1).

Glas und Verglasung

Bei möglichst hoher Lichtdurchlässigkeit soll der Baustoff Glas gleichzeitig einen guten Wärmeschutz bieten, in hohem Maße belastbar sein und ein Maximum an Sicherheit etwa durch eine Splitterbindung bieten. Das herkömmliche Einfachglas ist im Wintergartenbau daher längst durch Isolierglas abgelöst worden, das meist verschiedene Funktionen vereint. Die Wahl des Glases wird durch die Nutzung des Wintergartens bestimmt. So kommt es beim Wintergarten als Energiesystem vor allem auf die richtige Mischung von Wärmeschutz und Lichtdurchlässigkeit an, beim Wohnraum sind Wärmeschutz und Sicherheit gefragt und bei der Gewächshaus-Nutzung schließlich ist vor allem der hohe Lichteinfall von Bedeutung , während der Wärmeschutz eher eine untergeordnete Rolle spielt.

Wenn es um die Verglasungstechnik geht, so sind vor allem konstruktiv dauerhafte und witterungsfeste Lösungen anzustreben, die zudem statisch sicher und glasgerecht sowie auf das Profilsystem und seine Materialien abgestimmt sein sollten. [5], [20] bis [28]

Wie so oft stehen dem Planer bei der Materialwahl verschiedene Optionen offen, die sowohl bezüglich der Einzelkomponenten wie in Bezug auf das Gesamtsystem unterschiedlich gut geeignet sind.

5.2 Tragwerk: Materialien

5.2.1 Holz

Trotz anfänglicher Versuche wird Vollholz heute zum Wintergartenbau - außer für Fenster - nicht mehr verwendet. Auch bei guter Durchtrocknung reißen tragende Hölzer durch die thermischen Belastungen auf und verdrehen sich. Die statisch erforderlichen Querschnitte von Sparren sind in der Regel auch nicht aus Vollholz herstellbar.

Daher kommen heute in aller Regel Leimbinder zum Einsatz, auch Brett-Schichtholz (BSH) genannt. [29], [30]. Sie zeichnen sich durch eine hohe Tragfähigkeit bei relativ kleinem Querschnitt aus. Um das typische Verdrehen des Holzes zu verhindern, werden mehrere Holzschichten so miteinander verleimt, daß sich die natürlichen Verdrehungsrichtungen des Schnittholzes gegeneinander aufheben.

Verwendet werden ausnahmslos Weichhölzer wie Fichte/Tanne, Kiefer und Lärche. Einheimische Harthölzer, etwa Buche oder Eiche, sind mengenmäßig geringer verfügbar und zu teuer. Tropische Harthölzer wären zwar preislich günstiger, sind jedoch aus ökologischen Gründen nicht empfehlenswert.

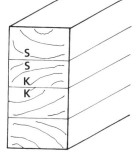

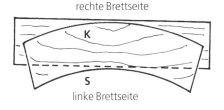

5.2.1 *oben links*
Handwerklich gefertigte Leimbinder-Konstruktion in einem Wintergarten mit Aluminium-Verglasungs-Profilen.

5.2.2 *oben rechts*
Arche Nova: Die Pioniere im Wintergartenbau experimentierten mit Vollholz-Konstruktionen. Die Folge waren Probleme bei der Maßhaltigkeit, der Scheiben-Abdichtung und eindringender Feuchtigkeit.

5.2.3 *unten rechts*
Leimbinder
K= Kernholz
S= Splintholz
Leimung: Linke Seite zu linker Seite

Auch verglasungstechnische Argumente sprechen für Leimholz. Glasauflageprofile aus Aluminium oder Dichtprofile aus Ethylen-Propylen-Terpolymer-Kautschuk (EPDM) können bei einer Leimholz-Konstruktion eingesetzt werden, nicht bei Massivholz, da die Gefahr des Verziehens zu groß wäre, was Glasbruch oder Undichtigkeit (vgl. Kap. 5.4.1) zur Folge hätte.

Zur Beurteilung der Qualität von Leimbindern ist wie immer bei Holz der Feuchtegehalt und die Holzklasse entscheidend. Die Gütegemeinschaft Holzleimbau verpflichtet ihre Mitglieder, also Anbieter und Verarbeiter, auf einen mittleren, maximalen Feuchtigkeitsgehalt von zwölf Prozent bei Holz-Bauteilen im Freien und von neun Prozent bei Bauteilen in geschlossenen, beheizten Räumen. [31]

Drei Qualitätsklassen, I bis III, je nach Astanteil, werden unterschieden, wobei Klasse II meist ausreichend ist. Die Schichtdicke der Lamellen beträgt in der Regel 3 cm, die Lieferquerschnitte sind meist auf 6 und 8 cm Breite genormt und vorgefertigt. Gängige Maße sind zum Beispiel 6 x 8 cm, 6 x 10 cm, 6 x 12 cm und so fort. Diese sollte man ausnutzen, denn hier sind die Lieferzeiten kurz, ohne daß die vorgeschriebenen Trocknungszeiten unterschritten würden. Auch preislich sind diese Maße durchweg am günstigsten.

Als wichtigste Komponente erweist sich die Verleimung und die Leimart, da immer mehr minderwertiges Holz zu Leimbindern verarbeitet wird. Druck- und Zugfestigkeit, Wasserfestigkeit und Emissionswerte sind zwar vorgeschrieben, sollten aber auch vom Verarbeiter berücksichtigt werden. Denn, wie unten beschrieben, eignet sich längst nicht jede Leimart für jedes Einsatzgebiet.

Vorteile: Holz, insbesondere in Form von Leimbindern, verfügt über eine ausgesprochen gute Tragfähigkeit, eine lange Standfestigkeit und hohe mechanische Widerstandskraft im Brandfall. Konstruktionen des nachwachsenden natürlichen Werkstoffes sind bei entsprechender Pflege sehr lange haltbar und auch preislich günstig. Die geringe Wärmeleitfähigkeit ist für die thermische Trennung von Tragwerk und Glasbefestigung von großem Vorteil.

Praxis-Tip

Leimbinder haben Maßtoleranzen im Millimeterbereich. Dadurch entstehende Paßungenauigkeiten in den Holzverbindungen können vermieden werden: durch Verwendung eines davon unabhängigen Verglasungsprofils auf dem Holzträger oder durch aufwendiges und teures Nacharbeiten der Träger bis zur Maßgenauigkeit. Allerdings erreichen Holzkonstruktionen nur durch exakte Verarbeitung die notwendige und vorgeschriebene Paßgenauigkeit und Maßhaltigkeit.
Bei ungenauer Verarbeitung sind Probleme durch Feuchteeintritt vorprogrammiert (vgl. Kap. 6.2.).

Holz ist zudem gut zu verarbeiten, wobei Leimbinder die Konstruktion aller gewünschten Wintergarten-Formen ermöglichen.

Nachteile: Im Vergleich zu Aluminium oder Stahl sind bei Holzkonstruktionen größere Profilstärken erforderlich. Zudem ist ein Holzwintergarten feuchteempfindlich und daher pflegeintensiv. Er muß gegen Pilz- und Schädlingsbefall sowie vor Verrottung geschützt werden. Die Konsequenz: Auf Konstruktion und Holzschutz muß besonderer Wert gelegt werden.

Ökologische und technische Hinweise: Zu beachten sind bei Brettschichtholz die Leimart und der quantitative Anteil des Leimes, der im Vergleich zu Spanplatten allerdings gering ist. Daher können mögliche Emissionen aller Wahrscheinlichkeit nach vernachlässigt werden. Allerdings gelten die gängigen Phenol/Resorzinleime als ökologisch bedenklich, da Formaldehyd-Gehalt und -Abgabe höher sind als etwa bei PVAC-Verleimungen oder phenolmodifizierten Aminoplast-Mischharzen, den sogenannten MUPF-Leimen. Dafür weisen sie eine bessere mechanische und statische Belastbarkeit auf, sie sind sehr dauerhaft und äußerst wasserfest. [32], [33]

Am wichtigsten bleiben jedoch nach wie vor die Trocknungsgrade des Holzes und des Leimes: daher sollten nie frisch verleimte Binder verwendet werden.

In der Praxis stellt sich für den Käufer das Problem, die Qualität des Produkts und die fachliche Kompetenz des Lieferanten zu beurteilen. Deshalb einige Anhaltspunkte: Ein erfahrener Schreiner arbeitet mit einem Meßgerät zur Feststellung des Feuchtegehalts. Werden nicht maßhaltige Querschnitte geliefert, die - gerade beim Aufschneiden - auch noch einen starken Formalin-Geruch abgeben, sind dies untrügliche Indizien für eine schlechte Holz- beziehungsweise Leim-Qualität.

Exkurs: Holzschutz

Die größte Gefahr beim Einsatz von Holzbauteilen besteht im Befall durch pflanzliche und tierische Schädlinge. Auch wenn diese Gefahr meist dramatisiert wird, muß Holz vor Zerstörung geschützt werden. Der größte Feind des Holzes ist die Feuchtigkeit. Sie läßt das Holz verrotten und schafft die Lebensbedindungen für pflanzliche und tierische Schädlinge. Betroffen sind daher im wesentlichen Außenbauteile, die Regen oder Schnee ausgesetzt sind. Schäden treten jedoch erst dann auf, wenn Holz über eine längere Zeit feucht bleibt. Eine kurzzeitige Erhöhung der Holzfeuchte hingegen ist dann nicht gefährlich, wenn das Holz anschließend austrocknen kann. Die meisten Holzschäden also sind Baufehler, die durch eine dem Werkstoff Holz angepaßte Planung weitgehend vermieden werden können. Die Devise lautet daher: so viel konstruktiver Schutz wie möglich, so wenig chemischer Schutz wie nötig. [34]

Konstruktive Maßnahmen
Die erste Maßnahme zum Schutz außenliegender Holz-Bauteile besteht darin, jeglichen Eintritt von Feuchtigkeit zu vermeiden. Für den Wintergartenbau bedeutet dies, daß Regenwasser direkt abgeleitet und Kondenswasser hinreichend schnell abgeführt werden muß, damit auf dem Holz kein Wasser stehen bleibt. Erreicht wird dies durch Maßnahmen wie Dachüberstände, Schutz von Hirnholz, Vermeidung waagrecht liegender Bauteile und Ausbildung von Tropfkanten. Vor aufsteigender Feuchtigkeit aus Fundamenten und Mauerwerk schüt-

5.2.4 *links*
Problempunkt Traufe: Das abgeschrägte Traufrähm sorgt innen für den Ablauf von Kondenswasser.

5.2.5 *rechts*
Verleimung der vorgefertigten Bauelemente auf der Baustelle mit PU-Leim.

Praxis-Tip

Möglichst große Bauteile vorfertigen, denn in dicht verleimte Fugen dringt kein Wasser mehr ein. Zum Verleimen auf der Baustelle Polyurethan-Leim (PU-Leim) verwenden. Er bindet auch bei hohem Luftfeuchtigkeitsgehalt gut ab - die Verleimung ist dicht.

zen bituminöse Sperrschichten. Die direkte Erdberührung von Holz ist auf jeden Fall zu vermeiden (vgl. Kap. 6.1).

Holz-Imprägnierung und Oberflächenschutz
Imprägnierung: Tragende Holz-Bauteile im Außenbereich müssen, gemäß der seit 1990 geltenden Norm zum chemischen Holzschutz (DIN 68800, Teil 3), vor Pilz- und Insektenbefall geschützt werden. Damit unterscheidet sich der Holzschutz grundsätzlich von der bloßen Oberflächenbehandlung, die das Holz lediglich vor eindringender Feuchtigkeit schützt. Unter Holzschutz wird eine Tiefenimprägnierung verstanden, die ein Bauteil dauerhaft vor zerstörerischen Schädlingen bewahren soll. Zu diesem Zweck werden Gifte eingesetzt, die auch die Gesundheit des Menschen schädigen können. Dieser Tatsache trägt die neue DIN verstärkt Rechnung und hat deshalb den Einsatz chemischer Holzschutzmittel auf wenige Anwendungsfälle begrenzt. Zudem läßt sie Planern und Verarbeitern größern Spielraum, wenn es darum geht, durch konstruktive Maßnahmen die Gefährdung von Holzbauteilen herabzusetzen und den Einsatz chemischer Holzschutzmittel damit zu begrenzen.

Es gibt mehrere Methoden, Holz zu imprägnieren. Die handwerklichen Verfahren Spritzen und Streichen können im Prinzip von jederman ausgeführt werden. Die Anwendung ist jedoch wegen der giftigen Inhaltsstoffe und der Verarbeitungsreste höchst bedenklich. Zudem wird durch Spritzen und Streichen nur eine verhältnismäßig geringe Eindringtiefe des Holzschutzmittels erreicht.

Bessere Ergebnisse werden mit dem Tauchverfahren erzielt, da hierbei die gesamte Oberfläche des Bauteils gleichmäßig und in ausreichender Eindringtiefe mit dem Holzschutzmittel in Berührung kommt. Der sogenannte Tief- oder Vollschutz aber, bei dem das Holzschutzpräparat mehr als einen Zentimeter tief ins Holz eindringt oder das Bauteil sogar vollständig mit dem Mittel getränkt wird, ist nur mit industriellen Verfahren wie der Kesseldruckimprägnierung möglich.

Auf den ersten Blick wirkt die Palette von Holzschutzmitteln recht unübersichtlich. Bei genauerem Hinsehen aber lassen sich alle Produkte in zwei Gruppen einteilen: die wasserlöslichen und die öligen Holzschutzmittel.

Zu den wasserlöslichen Holzschutzmitteln zählen alle Salze. In Wasser gelöst, werden sie auf das Holzbauteil aufgebracht, die Feuchtigkeit verdunstet, das Salz bleibt im Holz und schützt es vor Insekten- und Pilzbefall. Als im Vergleich recht ungiftige und daher am ehesten als unbedenklich eingestufte Salze gelten sogenannte B-Salze, anorganische Borverbindungen.

Ihr Nachteil ist, daß sie nicht sehr tief ins Holz eindringen und rasch ausgewaschen werden. Bei der Verarbeitung von Borverbindungen ist daher besonders darauf zu achten, daß die Bauteile nach dem Aufbringen des Holzschutzmittels trocken gelagert und rasch verarbeitet werden.

Der überwiegende Teil der angebotenen Produkte gehört zu den öligen Holzschutzmitteln. Ihre Pilz- und Insektengifte sind in Lösungsmitteln gelöst und können daher sowohl während der Verarbeitung als auch später durch Ausdünstung über die Atemluft in den menschlichen Körper gelangen - das entscheidende Argument gegen den Einsatz solcher Holzschutzmittel.

Einen guten Ruf hingegen genießt die Imprägnierung mit Leinöl. Sie beruht auf der Überlegung, daß Pilze und Insekten nur feuchtes Holz befallen: Die wichtigste Aufgabe des Holzschutzes besteht also darin, die einzelnen Holzzellen an der Aufnahme von Feuchtigkeit zu hindern. Dies wird durch das Auftragen von Leinöl erreicht, und zwar so lange, bis die Zellen so gesättigt sind, daß sie kein Wasser mehr aufnehmen können. Ein weiterer Vorteil dieser Art des Holzschutzes ist, daß sich Leinöl nicht auswäscht. Gesundheitsbewußte Planer und Verarbeiter grundieren Holz-Bauteile deshalb mit Leinöl und bringen dann einen wirksamen Oberflächenschutz auf.

Oberflächenschutz: Während aufgrund der Behandlung mit chemischen oder biologischen Produkten Holz-Bauteile im Außenbereich nicht von Insekten und Pilzen angegriffen werden, dient die Oberflächenbehandlung zum Schutz vor schädlichen Witterungseinflüssen wie Feuchtigkeit oder UV-Strahlung.

Die gängigsten Produkte, die zu diesem Zweck eingesetzt werden, sind Lacke und Lasuren. Ein Unterscheidungskriterium ist die Stärke ihrer Filmbildung: Während Lacke eine dicke, glatte Oberfläche bilden, ist diese bei Lasuren deutlich dünner, zudem scheint die Holzstruktur weiterhin durch. Allerdings sind die Übergänge fließend: Sogenannte Dickschichtla-

Praxis-Tip

Risiko-Abwägung und richtige Konstruktion entscheiden über die Wahl des geeigneten Holzschutz-Mittels. Während noch vor zehn Jahren chemischer Holzschutz konstruktiven Maßnahmen vorgezogen wurde, hat heute ein Umdenkprozeß stattgefunden, der Planern viel Spielraum läßt. Allerdings darf nicht vergessen werden: Wer Holzbauteile ungeschützt der Witterung aussetzt, schafft Probleme (vgl. Kap. 6.1). Auch chemische Mittel können eine schlechte Konstruktion meist nicht ausgleichen: Wo sich stehendes Wasser bildet, richtet auch das härteste Gift nichts aus.

Wer sich für eine biologische Imprägnierung entscheidet, sollte wissen, daß die Verarbeitung einigermaßen aufwendig ist. Leinöl zum Beispiel muß mehrmals sorgfältig eingerieben und überschüssiges Öl wieder abgenommen werden. Der Haken hierbei: Meist muß der Kunde in diesem Fall die Gewährleistung selbst übernehmen. Zum wirksamen Schutz des Holzes ist neben der Imprägnierung außerdem ein in mehreren Arbeitsgängen aufgebrachter Oberflächenschutz notwendig.

5.2.6
Auswaschung von Borsalz: Bei einem offenporigen Anstrich besteht die Gefahr, daß in das Holz eindringende Feuchtigkeit das schützende Borsalz auswäscht - deutlich zu erkennen an den hellen Stellen der Oberfläche.

5.2.7
Durch den dunklen Anstrich erwärmt sich die Oberfläche der tragenden Holzkonstruktion. Die Folge: eine stärkere Beanspruchung der Oberflächen und eventuell Schädigung des Anstrichfilms.

suren etwa sind - was ihre Filmbildung betrifft - kaum mehr von Lacken zu unterscheiden. Ein wichtiger Unterschied aber bleibt: Während Lacke eine vollständig dampfdichte und recht starre Oberfläche bilden, sind Lasur-Anstriche offenporig und elastisch. Der Vorteil: Feuchtigkeit, die durch kleine Risse - sie lassen sich kaum vermeiden - ins Holz eindringt, kann aufgrund der diffusionsoffenen Oberfläche entweichen, eine Ausweitung des Schadens wird so vermieden (vgl. Kap. 6.1).

Um ein zufriedenstellendes Ergebnis zu erreichen, sollte die Holzoberfläche auf der Rauminnen- und Raumaußenseite mit dem gleichen Mittel behandelt werden. Zur Gewährleistung der Maßhaltigkeit von Holz-Bauteilen nämlich muß die Dampfdiffusions-Fähigkeit rundum gleich sein. Eine Mischung verschiedener Behandlungsmittel ist also in jedem Fall zu vermeiden.

Übrigens ist der Oberflächenschutz auch in Bezug auf den späteren Einsatz von Dichtmate-

Praxis-Tip

Sorgfältiges Auftragen ist das A und O eines wirksamen Oberflächenschutzes. Wichtig dabei ist, den Anstrich mehrfach dünn statt einmal dick aufzutragen. So wird die Filmstärke langsam aufgebaut. Als Faustregel gilt: jedes Bauteil vor der Montage grundieren und einmal komplett, inklusive Fuge und Glasfalz, lasieren oder lackieren. Nach der Montage wird es dann noch einmal gestrichen, so daß allein für den Oberflächenschutz insgesamt drei Arbeitsgänge notwendig sind - ein Kosten- und Zeitfaktor, den Bauherren und Planer einkalkulieren müssen.

Farbpigmente in Lacken oder Lasuren tragen neben ihrer gestalterischen Funktion vor allem zu einem Schutz des Holzes vor schädlichen UV-Strahlen bei. Allerdings ist es bei der Farbauswahl wichtig, nicht zu dunkle Töne einzusetzen. Bestimmte Farben, etwa dunkelgrün oder dunkelrot, absorbieren das Sonnenlicht, die Holzoberfläche erwärmt sich stark, die Folge sind Risse, in die Feuchtigkeit eindringen kann. Daher sind helle Farbtöne besser geeignet, alle hellen Grau- und Brauntöne z.B. gelten als UV-stabile Lasuren. [35] Wenn die Farbe verblaßt, ist es höchste Zeit für eine Erneuerung des Anstrichs, und das keineswegs aus rein ästhetischen Gründen. Sobald sich nämlich die Pigmente in Lack oder Lasur auflösen, ist die Haltbarkeit des Anstrichs insgesamt gefährdet.

rial wichtig: Silikon z.B. zeigt auf unbehandeltem Holz lediglich eine Krallhaftung, schon bei geringer Belastung würde sich deshalb die Dichtung lösen. Auch daher ist die Filmschicht des Anstriches notwendig, verleiht sie doch dem Silikon die nötige Haftung auf dem Holzbauteil.

Wenn es um die Entscheidung Lack oder Lasur geht, spricht außer der Offenporigkeit auch die problemlose Nachbearbeitung für die Lasur. Während Lacke komplett abgeschliffen werden müssen, bevor man sie erneuert, können Lasuren direkt überstrichen werden, wobei Risse dabei geschlossen werden.

5.2.8
Verbundsystem Holz/Aluminium: Dunkel eloxierte Aluminium-Profile übertragen Wärme auf den empfindlichen Randverbund des Wärmeschutzglases.

5.2.2 Aluminium

Im Wintergartenbau ist Alumunum weit verbreitet, sowohl für die Tragwerkskonstruktion wie auch in der Profilherstellung. Besonders praktisch sind komplett aufeinander abgestimmte Systeme aus Tragwerk-, Verglasungsprofil- und Anschluß-Komponenten.

Seinen bevorzugten Einsatzbereich findet Aluminium überall da, wo Wetterfestigkeit gefordert ist, also im Außenbereich. Hier sollte Aluminum aus ökologischen Gründen so sparsam wie möglich eingesetzt werden. Empfehlenswert ist daher der Einsatz von Mischkonstruktionen: ein Tragwerk aus Holz innen, Aluminiumprofile und -abdeckung außen. Für Anschlußarbeiten ist Aluminium einfacher zu verarbeiten als Zinkblech, es bildet zudem einen guten Haftgrund für Dichtstoffe. Dies allerdings hängt auch von der jeweiligen Oberflächenvergütung ab. Angeboten werden die Ausführungen „natur", eloxiert oder pulverbeschichtet. Am besten ist die Haftung bei eloxierten Oberflächen.

5.2.9
Die statisch optimierte, homogene Aluminiumkonstruktion ermöglicht eine elegantere Gestaltung als Holzkonstruktionen.

Vorteile: Die Stärke von Aluminium ist seine einfache Verarbeitung. Das Material ist korrosionsfest, witterungsbeständig, farblich frei zu gestalten, es weist eine hohe Haltbarkeit bei geringem Pflegeaufwand aus, ist leicht formbar und läßt sich entweder vernieten oder verschrauben.

Praxis-Tip

Zur Kostenersparnis können für die Deckprofile Aluminium „natur" direkt aus der Presse verwendet werden, die vor der Verarbeitung von Ölresten gereinigt werden. Eloxiertes oder pulverbeschichtes Aluminium kann dann für Ober- und Unterprofile eingesetzt werden.

Nachteile: Aluminium hat eine geringe Tragfähigkeit und wird daher bei größeren Stützweiten nur mit Stahlkern verwendet. Es ist zudem teuer und kann nur unter hohem Energieeinsatz hergestellt werden. Zu kritisieren ist zudem der Schadstoff-Anfall bei der Produktion. Aufgrund seiner hohen Wärmeleitung und relativ großen Materialausdehnung unter Wärmeeinfluß sollten auch Aluminium-Profile möglichst hell sein. Bei Metall-Profilen muß wegen der schon genannten hohen Wärmeleitfähigkeit auf die thermische Trennung von Ober- und Unterprofil geachtet werden. Dunkel eloxierte Profile und dunkle Dichtungen heizen sich leicht auf und geben ihre Wärme dann an den Randverbund des Glases weiter (vgl. Kap. 6.1 und Praxistip im Kap. 5.3.4).

5.2.3 Stahl

Obwohl kostengünstig, spielt der Baustoff Stahl im Wintergartenbau nur eine marginale Rolle. Stahlteile brauchen aus Gründen des Korrosionsschutzes einen Oberflächenschutz, vorgeschrieben ist in jedem Fall die Verzinkung, zusätzlich erhalten Stahl-Bauteile in der Regel einen meist farbigen Schutzanstrich im sogenannten Duplexverfahren. Problematisch ist die Verarbeitung vor Ort: Durch Schneiden und Bohren entstehen ständig neue, potentielle Oxidationsstellen, die sich auch durch Nachbehandlung meist nicht vollständig beheben lassen. Es gibt nur wenige Hersteller, die auch thermisch getrennte Stahlprofilsysteme anbieten. Für sie gelten die gleichen Verarbeitungsprobleme. Meist werden komplett vorgefertigte Bauteile angeliefert und vor Ort nur durch Schraubverbindungen arretiert.

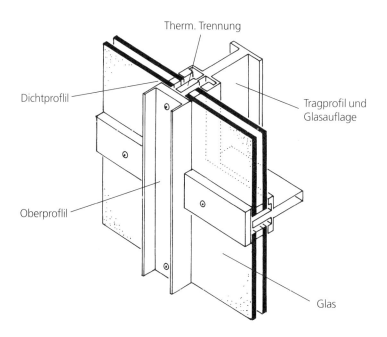

5.2.10 *unten*
Aluminiumkonstruktion mit unterschiedlichen Profilen
(Graphik: Schüco/Denzer)

Einzig im Gewächshausbau spielen vorgefertigte, feuerverzinkte und thermisch nicht getrennte Stahlprofile eine größere Rolle (siehe auch Abb. 3.2.6).

5.2.4 Kunststoff

Rahmenprofile aus Kunststoff sind im Wintergartenbau recht selten. In der Hauptsache findet weichmacherfreies Polyvinylchlorid (PVC hart) Verwendung. Auf Grund der geringen Belastbarkeit des Materials sind die Profile meist zur Stabilisierung mit einem Stahl- oder Aluminiumkern versehen. Problematisch ist die unterschiedliche Erwärmung von innen- und außenliegenden Bauteilen bei Sonneneinstrahlung. Dies beeinträchtig langfristig die Maßhaltigkeit und Dichtigkeit der Konstruktion. Wenn überhaupt, sind nur weiße, stark lichtreflektierende Profile zu empfehlen, die eine geringere Wärmelast einbringen. [36]

5.2.11
Bauen mit Stahl: Der Nachteil verzinkter Stahlprofile: Werden sie individuell vor Ort verarbeitet, läßt sich späterer Rost nicht vermeiden.

5.3 Verglasung: Systeme und Techniken

Glas ist ein wesentliches Element im Wintergartenbau. Seine funktionalen und bauphysikalischen Eigenschaften beeinflussen Klima, Behaglichkeit und damit die Nutzungsmöglichkeiten im Glashaus. Die Abstimmung zwischen Konstruktion und Glas sowie der handwerklich einwandfreie Einbau bestimmen maßgeblich die Lebensdauer des Bauwerks.

Im Laufe der letzten drei Jahrzehnte ist der Baustoff Glas ständig weiterentwickelt worden. Heute gibt es eine Vielzahl verschiedener Glasarten mit sehr unterschiedlichen Eigenschaften und Funktionen. Aus Einfachgläsern sind längst Funktionsgläser geworden, die neben ihrer Aufgabe, einen Raum zu belichten, eine Reihe anderer Funktionen übernehmen, die zudem noch miteinander kombiniert werden können und so ganz spezielle Funktionseinheiten bilden. Durch die Entscheidung für ein bestimmtes Glas können also die thermischen Verhältnisse im Wintergarten direkt mit gesteuert werden.

Der Einsatz von Funktionsgläsern erfordert allerdings die strikte Einhaltung der auf Isolierglas abgestimmten Konstruktionstechniken. Erst die sorgfältige Ausbildung aller Konstruktionsdetails schafft die Voraussetzung für eine lange Lebensdauer der Isolierglaseinheiten, die nach Hersteller-Angaben durchaus 20 bis 25 Jahre ihre Funktion erfüllen können sollen. Verglasungsfehler hingegen führen schnell zu Schäden. Wichtig für den Einsatz von Glas ist deshalb nicht nur das Wissen über die einzelnen Glasarten, sondern auch die richtige Kombination von Glas, Konstruktion und Verglasungstechnik. [5], [20] bis [28]

Exkurs: Glas und Wärmeschutz

Wichtigste Anforderung an die Wintergarten-Verglasung ist nach heutiger Auffassung ihre Wärmedämmeigenschaft. Auch bei Gläsern ist daher der Wärmedurchgangskoeffizient - der k-Wert - eine zur Beurteilung wesentliche Größe. Er gibt die Wärmemenge in Watt an, die in einer Stunde durch einen Quadratmeter eines Bauteils hindurchgeht. Dabei wird angenommen, daß der Temperaturunterschied zwischen der Außenluft und der Raumluft ein Grad Kelvin beträgt. Angegeben wird der k-Wert in W/m^2K. Je kleiner er ist, umso besser ist die Wärmedämmung eines Bauteils. Während Einfachglas einen k-Wert von circa 5,8 W/m^2K aufweist, halbiert er sich bei Isoliergläsern auf etwa 2,8 W/m^2K. Zweifach-Wärmeschutzgläser kommen mittlerweile bereits auf Werte von 0,9 bis 1,6 W/m^2K. Zum Vergleich: Die Anforderung an die hochwärmegedämmte Außenwand eines Niedrigenergiehauses liegt bei 0,25 W/m^2K. Damit ist eine Verglasung energetisch gesehen immer noch die schwächste Komponente.

Die neue Generation von Dreifach-Gläsern mit k-Werten von 0,4 W/m^2K versucht dem entgegenzuwirken. Allerdings mitunter auf Ko-

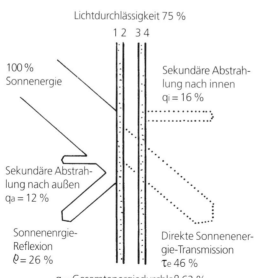

5.3.1
g-Wert im Detail. Lichtdurchlässigkeit und g-Wert abhängig von Glasart und Beschichtungen, hier als Zahlen-Beispiel ein Wärmefunktions-Glas (Graphik: interpane/Denzer)

Praxis-Tip

Eine Senkung des g-Wertes der gesamten Isolierglaseinheit und Erhöhung des Sonnenschutzes kann durch „Drehung der Scheibe" erreicht werden. Die Verlegung der Beschichtung von Position drei auf Position zwei (Abb. 5.3.1) bewirkt eine Senkung des g-Wertes um acht bis elf Prozent. Die Änderung des k-Wertes liegt dabei nur im rechnerischen, nicht aber im meßbaren Bereich. Weitere Vorteile: Bei Dachverglasungen muß nicht die innenliegende VSG-Scheibe beschichtet werden, was erhebliche Zeit- und Kostenvorteile bringt. Zudem sinkt die Schadensanfälligkeit durch thermische Spannungen, da die erhöhte Strahlenabsorption in beschichteten Scheiben und die daraus folgende Erwärmung bei Außenscheiben weggelüftet wird.

sten der Lichtdurchlässigkeit (g-Wert zwischen 58 und 42 %) und damit der möglichen Energieausbeute. Ein Zweifach-Wärmeschutzglas ist für den herkömmlichen Wintergarten jedoch vollkommen ausreichend, da der solare Wärmegewinn gegenüber dem Wärmeverlust bereits ab einem k-Wert von 1,5 W/m²K als größer gilt. [37]

Die zweite schon erwähnte wichtige Größe bei der Bewertung des Baustoffes Glas ist der sogenannte g-Wert (vgl. Kap. 2.3.2). Er gibt den Gesamtenergiedurchlaßgrad einer Glasscheibe in Prozent an. Eingerechnet wird dabei nicht nur die Sonnenenergie, die direkt in den Raum eindringt, addiert wird zudem die sekundäre Wärmeabgabe der Scheiben durch Konvektion und langwellige Strahlung nach innen.

Die Bilanzierung schließlich von Wärmeverlusten und Wärmegewinnen durch die passive Nutzung von Sonnenenergie (vgl. Kap. 2.1. und Kap. 3.2.) wird ausgedrückt im sogenannten äquivalenten k-Wert (k_{eq}). Er berechnet nicht nur die Wärmeverluste durch die Glasscheibe, sondern berücksichtigt zusätzlich einen Strahlungsgewinnfaktor S, der u.a. von der geographischen Lage und Ausrichtung des Wintergartens, (vgl. Kap. 4.1) abhängig ist.

5.3.1 Einfachglas

Wegen seines schlechten Wärmedämmwertes und dem bei seiner Verwendung dadurch erhöhten Tauwasseranfalls spielt Einfachglas im Wintergartenbau heute kaum noch eine Rolle. Eingesetzt wird es noch im Gewächshausbau oder für Vordächer. Seine Bedeutung indes erhält es durch seine Verarbeitung zum Funktionsglas. Dies entsteht durch die Kombination gleicher oder verschiedenartiger Einfachgläser zu einer Isolier- oder anderen Funktionsglaseinheit.

Basis aller Glasarten - außer Gußglas - ist das Floatglas, hergestellt im sogenannten Float-Verfahren, das in den 60er Jahren die technisch unvorteilhaftere Tafelglas-Herstellung ablöste.

Unterschieden werden vier Arten von Einfachgläsern mit jeweils speziellen Eigenschaften und Funktionen:

- Float- oder Spiegelglas: Die Grundform aller Gläser weist mit circa 90 % die höchste Lichtdurchlässigkeit auf, erwartungsgemäß allerdings hat das einfachste aller Einfach-

5.3.2
Veglasung: VSG-Scheiben mit eingefärbter Sicherheitsfolie verhindern unliebsame Einblicke vom Nachbar-Balkon.

gläser in punkto Wärmeschutz nur wenig zu bieten. Sein k-Wert liegt bei circa 5,8 W/m²K. Das Glas wird in den handelsüblichen Stärken zwischen drei bis 19 Millimetern angeboten.

- Verbundsicherheitsglas (VSG): Es besteht aus zwei oder mehreren Scheiben, die mit einer oder mehreren hoch reißfesten, durchsichtigen oder eingefärbten PVB-Folie auf Butylbasis fest verbunden werden. Sobald das Glas bricht, haften die Bruchstücke an dieser Folie, was die Splitterbindung bewirkt. Bei der Versiegelung von VSG-Scheiben muß besonders auf die Verträglichkeit der Folie mit Dichtstoffen geachtet werden. Bei Stärken zwischen sechs und 34 Millimetern liegt auch beim mit VSG gekennzeichneten Glas der k-Wert um 5,8 W/m²K.
- Einscheibensicherheitsglas (ESG): Hier handelt es sich um ein vorgespanntes Glas, das seinen inneren Spannungszustand durch ein besonderes Herstellungsverfahren erhält. ESG zeichnet sich durch erhöhte Schlag-, Stoß- und Biegebruchfestigkeit aus, ohne splitterbindend zu sein. Sein Nachteil: es ist nicht mehr zu bearbeiten. Wegen seiner hohen Temperaturwechsel-Beständigkeit innerhalb einer Scheibe kommt es häufig dann zum Einsatz, wenn die Bildung von Schlagschatten auf Glasflächen und in der Folge thermische Glasbrüche zu erwarten bzw. zu verhindern sind (vgl. Kap. 6.2). Geliefert wird es in Stärken zwischen vier und 15 Millimetern mit einem k-Wert von ebenfalls 5,8 W/m²K.
- Drahtglas: Eine in die heiße Glasschmelze eingelassene Drahteinlage sorgt hier dafür, daß im Falle eines Bruches das Gefüge der Scheibe weitgehend erhalten bleibt. Draht-

glas gibt es als nicht durchsichtiges, in seiner Oberfläche ornamentiertes und daher lichtstreuendes Gußglas und in der Floatglas-Ausführung, dem durchsichtigen Drahtspiegelglas. Bei allen Drahtgläsern besteht die Gefahr, daß ungeschützter Draht im Kantenbereich korrodiert. Haarrisse in Drahtnähe, die beim Schneidevorgang entstehen, können zudem bei thermischer Beanspruchung leicht zu Glasbruch führen. Der Einsatz von Drahtglas im Isolierglasverbund ist nicht zu empfehlen. Vor allem in Kombination mit beschichteten Gläsern kann es aufgrund unterschiedlichen thermischen Verhaltens der einzelnen Scheiben zu Spannungsbrüchen und Beschädigung des Randverbundes kommen. Die Stärken von Drahtglas liegen bei ca. 7 mm, der k-Wert im Bereich um 5,8 W/m²K.

5.3.2 Isolierglas

Nach der Definition der DIN 1259 ist Isolierglas „eine aus zwei oder mehreren gleich- oder ungleichartigen Glastafeln hergestellte Mehrfachscheibe, die jeweils durch einen hermetisch abgeschlossenen und mit getrockneter Luft oder Spezialgasen gefüllten Zwischenraum voneinander getrennt sind". Der Vorteil eines solchen Glasverbundes: Er bietet einen gegenüber Einfachglas deutlich höheren Wärme- und Schallschutz, allerdings bei geringerer Lichtdurchlässigkeit.

Wichtigste Voraussetzung für die Funktionstüchtigkeit eines Isolierglases ist die Dichtheit des Scheibenzwischenraums (SZR). Die Ausführung des Randverbundes ist daher ein entscheidender Faktor für die Qualität und Lebensdauer von Isoliergläsern. Die Randversiegelung nämlich muß zum einen in der Lage sein, mechanische und thermische Belastungen aufzunehmen und die Gläser so vor Schäden zu schützen. Zudem soll sie verhindern, daß Feuchtigkeit in den Scheibenzwischenraum eindringt, hier kondensiert und die Scheibe „blind" wird.

Bei der Mehrzahl der auf dem Markt angebotenen Isoliergläser übernimmt diese Aufgaben ein geklebter Randverbund aus zwei Dichtungskomponenten. Systeme mit einstufigem Randverbund spielen aufgrund ihrer geringeren Lebensdauer heute kaum noch eine Rolle.

Im zweiteiligen System verbindet die erste Dichtungsebene zunächst den Aluminium-Abstandhalter zwischen den Glasscheiben mit der Scheibeninnenseite. Die sensible Fuge muß lückenlos geschlossen und gegen eindringende Feuchtigkeit geschützt werden. Bewährt hat sich für diese Aufgabe vor allem der Dichtstoff Butyl, denn er ist dampfdicht und schützt den Scheibenzwischenraum daher besonders effektiv.

Die zweite Dichtungsebene sorgt für die dauerelastische Verbindung der Scheiben selbst und füllt den Bereich oberhalb des Abstandhalters bis zur Scheibenkante vollständig aus. Eingesetzt wird in der Regel der Dichtstoff Polysulfid (Thiokol), der den hohen mechanischen Belastungen besonders gut standhält und hervorragende dauerelastische Klebeeigenschaften aufweist. Dies wiegt seine Nachteile - mangelnde UV-Beständigkeit und Empfindlichkeit gegen Wasser - bei weitem auf.

Vor direkter Sonneneinstrahlung also und Kontakt mit stehendem Wasser muß der Randverbund unbedingt geschützt werden. Denn die Materialeigenschaft des Thiokols - es quillt im Wasser auf - und die physikalischen Vorgänge beim Erwärmen von stehendem Wasser im Glasfalz gefährden in ihrer Kombination Funktion und Lebensdauer der Isolierglasscheibe. Sobald sich nämlich Wasser im Glasfalz sammelt und dort erwärmt, erhöht sich unweigerlich der Wasserdampfdruck. Gleichzeitig treten thermische und/oder mechanische Bewegungen im Glas auf. Die Thiokol-Dichtung, die schon bei geringer Wasserbelastung aufquillt, kann

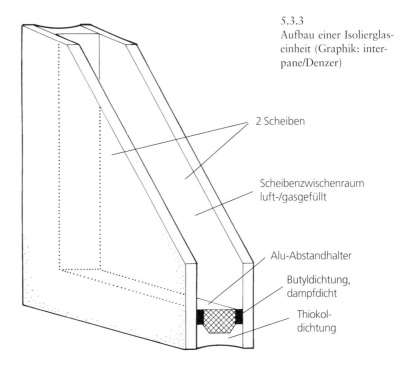

5.3.3
Aufbau einer Isolierglaseinheit (Graphik: interpane/Denzer)

2 Scheiben

Scheibenzwischenraum luft-/gasgefüllt

Alu-Abstandhalter

Butyldichtung, dampfdicht

Thiokoldichtung

Praxis-Tip

Achtung: Der Preiskampf auf dem Isolierglasmarkt führt dazu, daß immer wieder Scheiben mit minderwertigen Polyurethan-Verklebungen angeboten werden.

5.3.4
Isolierglasscheiben: Bei allen Luftdruck- und Temperaturschwankungen verändert sich das Volumen im hermetisch abgedichteten Scheibenzwischenraum. Die Folge: Die Scheiben biegen sich durch. Hohe thermische und statische Beanspruchung verstärken durch Veränderung des (Gas-)Luftvolumens die Pumpbewegung, was zu hoher Belastung des Randverbundes führt. Bei kleinen Scheiben ist dieser Effekt, auch Pumpwirkung genannt, deutlich stärker als bei größeren. Im Dachbereich sollte der Scheibenzwischenraum daher auf 12 mm beschränkt bleiben.
(Graphik: interpane/Haupt)

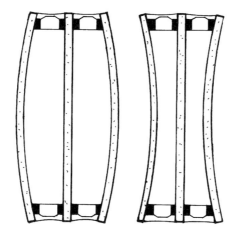

diese Belastungen nicht mehr auffangen. Es kommt zu Spannungsrissen, Wasserdampf tritt ein, die Isolierglaseinheit wird irreparabel geschädigt und funktionslos. Bei der Verglasung ist es daher besonders wichtig, für eine effektive Wasserabführung zu sorgen (vgl. Kap. 6.2.2.).

Der Markt bietet ein weiteres Dichtungssystem, in dem statt Thiokol der Dichtstoff Silikon eingesetzt wird. Dieses ist UV-beständig, kann also ungeschützt eingebaut werden, und läßt sich außerdem mit anderen Dichtprofilen, z.B. am Glasstoß, verkleben. Allerdings weist es eine wesentlich höhere Dampfdiffusionsrate auf als Butyl. Dies ist deshalb nachteilig, weil auf diese Weise die in Funktions-Isoliergläsern verwendeten Füllgase entweichen könnten, so daß die Lebensdauer der Isolierglaseinheit aller Wahrscheinlichkeit nach herabgesetzt würde. Über das tatsächliche Langzeitverhalten der unterschiedlichen Funktionsgläser gibt es bisher jedoch kaum Erfahrungen.

Dreifach-Isolierglas wird heute kaum noch eingesetzt. Es hat zwar einen guten k-Wert, doch gleicht dies die Nachteile einer geringen Lichtdurchlässigkeit und seines hohen Gewichtes nicht aus. Außerdem ist bei solchen Einheiten die Pumpwirkung (Abb. 5.3.4) deutlich höher als bei Doppelscheiben, der Randverbund dadurch noch stärker belastet und daher anfälliger für eindringende Feuchte. Genauso gute und bessere k-Werte als ein Dreifach-Isolierglas bringen Zweischeiben-Wärmeschutzgläser, die zudem nicht unerheblich kostengünstiger sind.

Auf der Suche nach immer niedrigeren k-Werten für Verglasungen ist seit kurzem dennoch wieder ein Dreifachglas auf dem Markt. Bei einigen Produkten wird die problematische Pumpwirkung umgangen, indem die innere der drei Scheiben verkürzt ist und sich so ein homogener Randverbund mit dem bewährten Zweifach-Isolierglas-Randverbund herstellen läßt.

5.3.3 Funktionsglas

Wie bereits angesprochen, übernehmen moderne Isoliergläser eine ganze Reihe von Funktionen als Wärme- oder Schallschutzglas, als Sonnenschutz- oder Sicherheitsgläser. Jedes Funktionsglas hat seine eigenen spezifischen Eigenschaften und Einsatzgebiete.

- *Sicherheitsglas*: Alle Überkopf-Verglasungen, so schreiben es die Landes-Bauordnungen vor, müssen aus Sicherheitsgründen splitterbindend ausgeführt werden. Einscheiben-Sicherheitsglas (ESG) kommt hierfür nicht in Frage, auch die Verwendung von Drahtglas ist wegen der thermischen Probleme beschränkt (vgl. Kap. 5.3.1). In aller Regel wird für Dachverglasungen Verbundsicherheitsglas (VSG) in eine Isolierglaseinheit eingearbeitet und zwar auf der dem Raum zugewandten Seite. Um die Zeit für die Wärmeschutz-Beschichtung von VSG-Scheiben abzukürzen, können auch die Floatscheiben beschichtet werden, also auf der Position 2. Um die Außen- und Innenseiten der beiden Scheiben einer Isolierglaseinheit zu kennzeichnen, werden diese von der künftigen Außenseite ausgehend von 1 bis 4 beziffert (vgl. Abb. 5.3.1). Eine geringere Verschlechterung des k-Wertes der Einheit um 0,02 bis 0,03 W/m²K kann in Kauf genommen werden. Isolierglas-Flächen, besonders geneigte, die über längere Zeit durch äußere Einflüsse teilverschattet werden, sollten auf der Außenseite mit Sicherheitsglas (ESG) versehen sein, das eine hohe Temperaturwechsel-Beständigkeit aufweist (siehe auch Praxistip Kap. 5.3.4). Bei Brüstungen im Senkrechtbereich können sowohl VSG- als auch ESG-Scheiben eingesetzt werden.

- *Wärmeschutzglas*: Zur Verbesserung des Wärmedurchgangskoeffizienten (k-Wert) werden Scheiben mit einer sogenannten Wärmefunktionsschicht versehen. Eine aufgedampfte Metalloxidbeschichtung verbessert den k-Wert einer herkömmlichen Isolierglaseinheit von 3,0 auf 1,6 W/m²K beim Wärmeschutzglas. Beschichtet ist dabei immer die zum Scheibenzwischenraum gewandte Seite der raumseitigen Scheibe. Die Beschichtung reflektiert die Wärmestrahlung aus dem Innenraum und reduziert somit den Wärmeverlust. Wird die Luft im Scheibenzwischenraum durch das Edelgas Argon ersetzt, das eine geringere Wärmeleitfähigkeit als Luft aufweist, sinkt der k-Wert sogar auf 1,3 W/m²K.

Allerdings vermindert sich die Lichtdurchlässigkeit einer solchen Einheit von 82 % beim unbeschichteten Isolierglas auf etwa 60 % je nach Art der Beschichtung. Die Stärke des Wärmeschutzglases liegt dabei im ausgewogenen Verhältnis von Lichtdurchlässigkeit, g-Wert und k-Wert der Einheit.

- *Sonnenschutzglas:* So wie Wärmeschutzglas Wärmestrahlen zum Innenraum hin reflektiert, um möglichst Wärmeverluste zu vermeiden, reflektiert Sonnenschutzglas die Sonneneinstrahlung genau in die umgekehrte Richtung, nach außen. In Wohn- und vor allem in Räumen mit Bildschirmarbeitsplätzen ist dieser Schutz vor allzu grellem Sonnenlicht sinnvoll, in Wintergärten allerdings weniger. Denn hier kommt es darauf an, so viel Sonnenlicht wie möglich zu sammeln, gerade in Übergangszeiten, bei tiefstehender, noch recht schwacher Sonne. Die Lichtdurchlässigkeit des Sonnenschutzglases liegt zum Teil weit unter 50 %, zu wenig zur passiven Sonnenenergie-Nutzung (vgl. Kap. 4.1.3).

- *Schallschutzglas:* Schon Wintergärten mit gewöhnlichem Isolierglas verbessern als Pufferzone vor einem Wohnraum dessen Schallschutz. Wird das Glashaus als Wohnraum genutzt, muß es selbst eventuelle Schallschutzvorschriften erfüllen. Dabei kommt es wesentlich auf das gesamte konstruktive Element - also Scheibe, Fensterrahmen und Fugendichtung - an. Die kennzeichnende Größe der Schallschutzgläser ist der R_w-Wert, seine Einheit wird nach DIN 4109 in Dezibel (dB) angegeben. Die Schalldämmung eines Isolierglases wird unter anderem durch folgende Faktoren beeinflußt:
1. Scheibengewicht: je schwerer die Scheibe, desto höher die Schalldämmung.

5.3.5
Kennzahlen von Einfach-, Isolier- und Wärmeschutzglas [5], [46] und Wärmeschutzverordnung 1995

Kennzahlen			Einfachglas [1]	Isolierglas 2 Scheiben [2]	Wärmeschutzglas 2 Scheiben [3]	Wärmeschutzglas 3 Scheiben [3]
g-wert			0,83-0,87	0,71-0,76	0,74-0,76	0,60-0,64
k-Wert (W/m²K)			5,8	3,0	0.9-1,3	0,4
keq; Wert n. Orientierung		S_F				
	Norden	0,95	4,8	2,07	für 1,3 0,54	-0,2
	Ost/West	1,65	4,3	1,61	0,17	-0,65
	Süden	2,4	3,81	1,15	-0,21	-1,1

$keq = k - g \cdot S_F$; S_F = Koeffizient für solare Wärmegewinne

[1] gilt vereinfacht für Floatglas, Verbundsicherheitsglas (VSG), Einscheiben-Sicherheitsglas (ESG), Drahtglas und Drahtspiegelglas von 4-8 mm Stärke
[2] Werte abhängig von Aufbau (Glasstärken und Scheibenzwischenraum)
[3] Werteabhängig von Aufbau und Beschichtung

Faustformel für überschlägige Gewichtsermittlung: gw = a x d x 2,5
a = Fläche in m², d = Dicke in mm (nur Glas), 2,5 = spezifische Dichte des Glases

2. Scheibenaufbau: Die Dicke der beiden Scheiben muß differieren, damit die Spuranpassungs-Frequenzen (Koinzidenz) der Einzelscheiben verschieden sind.
3. Breite des Scheibenzwischenraums: Je breiter er ist, desto höher ist in der Regel der Schalldämmwert.
Da die Wechselwirkung zwischen den einzelnen Parametern im Zusammenhang mit unterschiedlichen Funktionsgläsern und ihren Anforderungen sehr komplex ist, sollte der Hersteller zu Rate gezogen werden, damit das gewünschte oder geforderte Schalldämm-Maß gewährleistet wird.
- *Kombinierte Funktionsgläser:* Je nach Nutzung des Wintergartens kann es sinnvoll sein, die verschiedenen Funktionen einzelner Gläser miteinander zu kombinieren: Schallschutz- mit Wärmeschutzgläser etwa oder Sicherheits- mit Sonnenschutzglas. Je komplexer der Glasaufbau jedoch wird, desto höher steigen auch die Kosten. Mindestanforderung an ein Funktionsglas im Wintergarten ist eine Sicherheitsverglasung im Dach- und Brüstungsbereich - eventuell sogar mit ESG als Außenscheibe. Bei bewohnten Wintergärten empfiehlt sich generell die Verwendung von Wärmeschutzglas.

Je komplizierter der Aufbau eines Funktionsglases ist, umso schadensanfälliger wird das System. Wichtig ist daher die Qualitätskontrolle der Produkte. Die Hersteller sind aufgrund des Produkthaftungsgesetzes mittlerweile in der Pflicht, was Qualität und spätere Schadenersatzforderungen seitens des Kunden angeht (vgl. Kap. 6). Dennoch sollte der Verarbeiter zumindest die optische Kontrolle der sogenannten Randentschichtung vornehmen. Hierbei wird überprüft, ob z.B. die Beschichtung eines Wärmeschutzglases im Randbereich vorschriftsmäßig entfernt wurde oder etwa bis zur ersten und zweiten Dichtungsebene durchläuft. Die beschriebenen Dichtstoffe Butyl und Thiokol nämlich haften nur sicher auf Glas, nicht aber auf einer Beschichtung. Zudem kann eine fehlerhafte Verarbeitung die Unterwanderung der Schichten durch Feuchtigkeit und die Korrosion der Silberschicht nach sich ziehen. Die Folge sind Farbveränderungen, Kondensat im Scheibenzwischenraum und damit vollständiger Funktionsverlust.

5.3.4 Verglasungstechnik

Isolierglaseinheiten sind technisch hoch entwikkelte Produkte und entsprechend empfindlich gegen unsachgemäße Verarbeitung.

Statik
Was die Glasstatik betrifft, so gelten die gleichen Lastenannahmen wie für die Tragkonstruktion. Hinzu kommen stoffspezifische Einschränkungen in der Belastbarkeit. Auf keinen Fall können Glasscheiben zur Aussteifung der Rahmenkonstruktion eingesetzt werden.

Die Bemessung der einzelnen Scheibengrößen und -stärken erfolgt über die zulässige Biegespannung der einzelnen Scheiben, bei der außenliegenden Scheibe zusätzlich über die natürliche Begrenzung der Durchbiegung durch die innenliegende zweite Scheibe. Zum genauen Nachweis kann man die Glasstärken über entsprechende Formeln selbst ermitteln oder vom Hersteller berechnen lassen. Einfacher ist die Ermittlung über Tabellen, die aus den Richtlinien des Glaserhandwerks hervorgehen. Parameter sind:
- Schneelastzonen,
- Art der Auflagerung (zwei- oder vierseitig),

Praxis-Tip

Ein guter und einfacher Test, ob überhaupt und in welcher Weise ein beschichtetes Glas eingesetzt wurde, zeigt der bewährte „Flammentest" - auszuführen mit einem Billigfeuerzeug. Jede einzelne Seite einer Glasscheibe - außen und innen - reflektiert ein Bild der Flamme. Bei einem Zweifachisolierglas sind also vier Flammen zu sehen. Beschichtungen verändern die Farberscheinung einer Flamme. So zeigt ein Wärmeschutzglas vier Flammen, drei gleichfarbige, eine andersfarbige. Das Vorhandensein und die Lage der Beschichtung ist auf diese Weise einfach zu erkennen.

- Art des Glases,
- Gebäudehöhe,
- Höhe des Geländes über Normalnull.

Anhand des Seitenverhältnisses der Scheibenlänge und -breite, der Neigung des Daches und der Sparrenabstände können die Glasdicken dann aus den Tabellen einfach abgelesen werden. Schon in der Entwurfsphase ist es auf diese Weise möglich, mit der notwendigen Glasstärke je nach Gewicht und Kosten eine optimale Rasterbreite des Holzskelettes festzulegen.

Glaseinstand
Um die thermische Belastung der Randzone eine Isolierglaseinheit möglichst klein zu halten, darf der Glaseinstand in der Konstruktion 15 Millimeter nicht überschreiten. Steht das Glas weiter in die Konstruktion ein, können durch ungleichmäßige Erwärmung, insbeson-

Handelsdicke für ein		Mehrscheiben-Isolierglas		im geneigten Einbau	
vierseitige Auflagerung		äußere Scheibe	Spiegelglas oder ESG	Annahme:	0 - 9 m Gebäudehöhe
Scheelast: 0,75 kN/m²		innere Scheibe	VSG	nicht geschlossenes Gebäude	

Seitenverhältnis		1 : 3						1 : 2								1 : 1							
Neigung		8°-25°		>25°-35°		>35°-55°		>55°		8°-25°		>25°-35°		>35°-55°		>55°		8°-25°		>25°-35°		>35°-55°		>55°
		Glasdicke		Glasdicke		Glasdicke		Glasdicke		Glasdicke		Glasdicke		Glasdicke		Glasdicke		Glasdicke		Glasdicke		Glasdicke		Glasdicke
Stützweite der kürzeren Kante in cm		außen	innen	außen	innen	außen	innen	außen	innen	außen	innen	außen	innen	außen	innen	außen	innen	außen	innen	außen	innen	außen	innen	außen	innen
	60	5	6	5	6	4	6	4	6	4	6	4	6	4	6	4	6	4	6	4	6	4	6	4	6
	70	5	6	5	6	5	6	5	6	5	6	5	6	5	6	4	6	4	6	4	6	4	6	4	6
	80	6	6	6	6	6	6	6	6	6	6	6	6	5	6	5	6	4	6	4	6	4	6	4	6
	90	8	8	8	8	6	6	6	6	6	6	6	6	6	6	6	6	5	6	5	6	5	6	5	6
	100	8	8	8	8	8	8	8	8	8	8	8	8	6	6	6	6	6	6	6	6	5	6	5	6
	110	8	8	8	8	8	8	8	8	8	8	8	8	8	8	8	8	6	6	6	6	6	6	6	6
	120	8	8	8	8	8	8	8	8	8	8	8	8	8	8	8	8	6	6	6	6	6	6	6	6
	130	10	10	10	10	10	10	10	10	10	10	10	10	8	8	8	8	8	6	8	6	8	6	6	6

5.3.6
Glasstatiktabelle auf den Richtlinien des Glaserhandwerks [20]

dere der inneren Scheibe, thermische Spannungen und daraus folgend Schädigungen des Randverbundes auftreten. Ein gleichmäßiger Anpreßdruck, eine ebene Glasauflage und ein Auflageprofil mit Shore-A-Härte zwischen 60 und 70 Grad, z.B. aus EPDM, sind weitere Standard-Anforderungen an eine isolierglasgerechte Verarbeitung. Diese verbietet auch die Auflage einer Isolierglaseinheit über ein Rähm.

Verklotzung
Grundsätzlich gelten für vertikale wie für Schrägverglasungen die entsprechenden Richtlinien des Glaserhandwerks. Auch Dachverglasungen müssen selbstverständlich am unteren Scheibenrand zur Lastenaufnahme mit Klötzen fixiert werden. Bei Stufenscheiben können nur innere Scheibe und Randverbund geklotzt werden. Liegen zwei oder mehrere Scheiben hintereinander, sollte - wieder durch Verklotzung - die Last von der oberen nicht auf die untere Isolierglaseinheit übertragen werden. Um aber die Belastung der einzelnen Gläser nicht unnötig zu erhöhen, und auch aus Gründen der Montageerleichterung sollte man jede Einheit gesondert lagern. Das Auswechseln eines schadhaften Scheibe ist so wesentlich einfacher möglich (vgl. Kap. 6.2.2).

Hinterlüftung und Dampfdruckausgleich
Zum Schutz der Isolierglaseinheit - hier besonders des Randverbundes - sowie der Konstruk-

Praxis-Tip

Wie ein Blick auf die Statik-Tabellen (Abb. 5.3.6) zeigt, sollten die Sparrenabstänbde zwischen 80 und maximal 100 Zentimetern liegen. Darüber hinaus sind höhere Glasstärken notwendig, die die Verglasung unnötig verteuern. Statisch günstige Größen für Isolierglaseinheiten bieten Scheiben mit einen Breiten/Längen-Verhältnis von eins zu zwei bis eins zu drei. [5]

5.3.7
Glasüberstand: Der Glasüberstand - er dient zur sicheren Wasserableitung - muß konstruktiv aus einer zusätzlichen Einfachscheibe hergestellt und durch ein Profil an die darüberliegende Glasfläche angebunden werden.
(Foto: Fa. Meuvo)

tion insgesamt muß so verglast werden, daß auftretendes Tauwasser und von außen durch schadhafte Profile eindringendes Regenwasser sicher abfließen können. Ein allseitig belüfteter Falzraum, und geeignete, wasserabführende und thermisch getrennte Profilsysteme sind daher unerläßlich (vgl. Kap. 5.4) Die Dachneigung sollte zudem zehn bis 15 Grad nicht unterschreiten, um eine dauerhafte Dichtung zu gewährleisten.

Dachflächen
Besondere Aufmerksamkeit erfordert die Verglasung der Dachflächen. Für solche Überkopfverglasungen - dies sind alle verglasten Flächen in geneigter Ausführung -, gelten eine Reihe baurechtlicher, statischer, konstruktiver und bauphysikalischer Richtlinien, die eine schadensfreie und sichere Glasdachkonstruktion gewährleisten sollen. Die eigentliche Verglasungstechnik kann aus dem vertikalen in den Schrägbereich übernommen werden. Doch treten hier höhere thermische und mechanische Beanspruchungen auf, die besondere Maßnahmen erfordern.

Auf die Pflicht zur Verwendung splitterbindender Glasarten für die Dachverglasung und die Vorzüge des Verbundsicherheitsglases (VSG) wurde schon hingewiesen (vgl. Kap.

Praxis-Tip

Zur Verhinderung thermischen Glasbruchs bei Dachverglasungen mit Wärmeschutzbeschichtung und Sicherheitsglas und bei Verwendung sehr dunkler bis schwarzer Befestigungsprofile sind folgende Bedingungen zu erfüllen:
- Glaseinstand von 10 bis 15 mm keinesfalls überschreiten
- Außenscheibe aus ESG, Innenscheibe aus VSG
- Wärmeschutzbeschichtung auf Position 2, also auf der Ineseite der ESG-Scheibe. Die bei Sonneneinstrahlung entstehende Wärme der beschichteten (Außen)Scheibe kann so abgelüftet werden.
- VSG-Scheibe aus teilvorgespanntem Glas

Diese Ausführung ist die kostspieligste, aber auch die einzig sichere.

5.3.3 und 4.1.1). An dieser Stelle sei ergänzt, daß sich für die Verbundsicherheitsglasscheibe eine Mindeststärke von acht Millimetern empfiehlt. Denn bei VSG muß bedacht werden, daß es sich in der Regel um zwei Scheiben mit halber Stärke handelt, in diesem Fall also um zwei vier-Millimeter-Scheiben. Je nach Belastung und Größe der Dachscheiben können auch mehrere Einzelscheiben mit mehreren Folien vorgeschrieben sein. Mindestdicke und Anzahl der Folien wurden in einer aktualisierten Technischen Regel für Überkopfverglasungen festgelegt. (Quelle: Mitteilungen DIBt 4/94, Deutsches Institut für Bautechnik, Verlag Ernst und Sohn, Berlin und Bundesverband Flachglas Köln).

Bei der Verwendung von Stufenglas sollte eine Stufe nicht zu groß gewählt werden (Bruchgefahr). Hier können andere konstruktive Maßnahmen den ungehinderten Wasserablauf gewährleisten. Bei Stufenisoliergläsern muß der Randverbund besonders vor UV-Strahlung geschützt werden. Soll das Glasdach einen Überstand haben, so muß eine zweite (Einfach-) Scheibe eingesetzt werden (Abb. 5.3.7).

5.3.5 Verarbeitung von Kunststoff-Elementen

Neben den unterschiedlichen Gläsern werden im Wintergartenbau auch eine Reihe von transluzenten Kunststoffplatten eingesetzt. Allerdings werden diese Materialien hier nur am Rande behandelt, da den Autoren die optischen und physikalischen Nachteile in der praktischen Anwendung zu gravierend erscheinen. Dies mögen Hersteller und auch Anwender anders sehen.

Als Materialien wird vor allem Acrylglas eingesetzt, bekannt unter dem Markennamen „Plexiglas" und Polycarbonate (z.B. „Makrolon"). [38] Eine kleinere Rolle spielen daneben PVC und Polyester. Angeboten werden diese Materialien als meist gewellte Einfachplatten, als Stegdoppel- oder -dreifachplatten.

Für den Wintergartenbauer am interessantesten sind Stegdoppelplatten: Bei einer Lichtdurchlässigkeit von 86 bis 88 % und bei guten Wärmedämmeigenschaften mit k-Werten von 2,9 W/m^{2}K sind sie durchaus vergleichbar mit der Isolierglasscheibe. Bei der Stegdreifachplatte verbessert sich der k-Wert auf 2,4 W/m^{2}K.

5.3.8
Optische Qualitäten: Transparenz und Transluzenz - Kunststoff ist zwar lichtdurchlässig, Glas jedoch bietet zusätzlich Ausblicke.

Vorteile: Das große Plus von Stegplatten liegt in ihrem geringen Gewicht. Das ermöglicht eine leichte Verarbeitung ohne viele Helfer. Aufgrund ihrer hohen Bruchfestigkeit sind sie für die Überkopfverglasung in den meisten Bundesländern zugelassen. Bedenken gibt es mitunter nur beim Thema Brandschutz (vgl. Kap. 4.1.2). Auch sind Kunststoffgläser relativ preiswert.

Nachteile: Im Unterschied zu Glas sind Kunststoffplatten nicht transparent, ein entscheidender Nachteil gerade bei Wintergärten. Ihre Kratz- und Lichtempfindlichkeit (gegen UV-Strahlung) setzt ihre Lichtdurchlässigkeit zusätzlich herab. Thermische Bewegungen durch Wärme und Kälte erzeugen laute Knackgeräusche, die allerdings unterschiedlich störend empfunden werden. Unbedingt sollten Bauherren beim Einsatz von Acryl- und Polycarbonatgläsern genau die Einbauvorschriften beachten. Bei der Befestigung mit Dichtprofilen ist auf einen ausreichenden Dehnungsspielraum zu achten. Dennoch zeigen Stegdreifachplatten eine erhöhte Anfälligkeit für thermische Spannungen innerhalb der Platte, wie vereinzelte Beobachtungen vermuten lassen (vgl. Kap 6.2.2).

Kunststoffgläser laden sich elektrostatisch auf, in der Folge kommt es leicht zu Verschmutzungen. Dieses Phänomen wird mit speziellen Beschichtungen bekämpft, kann aber nicht in jedem Fall verhindert werden.

Kunststoffe sind nicht dampfdicht. Dies führt innerhalb von Stegdoppel- und -dreifachplatten zur Kondensation von eindringender Raumluftfeuchtigkeit. Die Platten müssen daher immer mit Gefälle eingebaut werden (Dachneigung mindestens 5°), damit das Kondenswasser ablaufen kann. Allerdings bleibt dennoch das Problem, daß Kondenswasser je nach Nutzung des Wintergartens und bei entsprechenden Wetterverhältnissen nicht abtrocknet. Dies führt zu einer weiteren Senkung der Lichtdurchlässigkeit und vermindert noch einmal die optische Qualität.

Die Lebensdauer von Kunststoffgläsern ist im Vergleich zu Glas nicht unerheblich kürzer. Immerhin: Beim Markennamen „Plexiglas" gibt es eine Garantie für zehn Jahre.

Ökologische Bewertung von Kunststoff und Glas

Aus ökologischer Sicht bieten Kunststoffe weder bezüglich ihrer Herstellung noch ihrer Entsorgung befriedigende Lösungen, zumal es kaum gesicherte Recyclingverfahren gibt. Zwar nehmen einige Hersteller alte Platten zurück,

5.3.9
Kondenswasser in Abdeckung aus Kunststoff: Nicht trocknendes Kondenswasser in den Stegdoppelplatten vermindert die optischen Qualitäten des Kunststoffs und mindert den Lichteinfall.

doch bei deren Entsorgung - nicht selten in der Erddeponie - können giftige Stoffe in Erdreich und Wasser gelangen. Die Verwendung von PVC ist zudem höchst bedenklich und sollte vermieden werden.

Eine optimale ökologische Alternative ist allerdings auch Glas keineswegs. Zwar ist die Energiebilanz hochwertiger Wärmefunktionsgläser bezogen auf ihren gesamten Lebenszyklus positiv - schließlich senken sie den Heizwärmebedarf eines Gebäudes -, doch ist für die Herstellung ein hoher Energieaufwand nötig. Zudem gibt es bis heute kein funktionierendes Recycling von einmal eingebauten Gläsern. Probleme macht vor allem die Trennung der Bestandteile wie Aluminium-Abstandhalter, unterschiedliche Dichtstoffe und Beschichtungen. Die Wiederverwendung von Gläsern ist zudem fast ausgeschlossen: Durch Verschmutzungen und andere Umwelteinflüsse wird die optische Qualität von Glas erheblich eingeschränkt. Fazit: Auch Isolier- und Wärmeschutzscheiben sind nach ihrem Ausbau Sondermüll.

5.4 Verglasungsprofile und Dichtungen

Die thermischen Besonderheiten im Glashaus - große Temperaturschwankungen, hoher Feuchteanfall - und der hohe Fugenanteil der Konstruktion stellen besondere Anforderungen an die mechanische Verbindung und die Abdichtung von Tragwerk und Glasauflage. Voraussetzung dafür ist die sorgfältige Auswahl von Profil und Dichtstoff. Wichtig dabei: Beide Komponenten ergänzen und beeinflussen sich und können daher nicht getrennt voneinander ausgewählt und beurteilt werden.

Die Betrachtung der Verglasungstechnik beruht im wesentlichen auf den Merkmalen der Pfosten-Riegel-Konstruktion in Dach und Wand. Andere Techniken werden im Kapitel 5.5 unter dem Stichwort „Konstruktionsbeispiele" näher erläutert. Die technischen Bedingungen für Verglasungen allerdings sind immer gleich.

5.4.1 Pfosten-Riegel-Konstruktion: Verglasungsprofile und -komponenten und ihre praktische Ausführung

Profilsysteme dienen zur mechanischen Verbindung von Tragwerk und Isolierglas-Einheit. Weil die beiden Bauteile auf Temperaturschwankungen und Feuchtigkeit unterschiedlich reagieren, kommt dem Profil eine besondere Bedeutung zu: Es soll Tragwerk und Glasbefestigung thermisch voneinander trennen, für eine sichere Tauwasser-Ableitung sorgen und die Konstruktion vor Feuchtigkeit von außen schützen. Nur so werden eine lange Lebensdauer garantiert und eventuelle Bauschäden vermieden.

Gängige Materialien für Profile sind Aluminium, Stahl, Kunststoff und Holz. Hauptsächlich Anwendung finden Aluminium und Aluminium/Holz-Mischsysteme, mit einem geschätzten Marktanteil von 60 Prozent. Alle Systeme sind im Prinzip gleich aufgebaut, unabhängig von ihrer jeweiligen Detailausführung. Ihre wichtigsten Komponenten im Überblick:

- Glasauflage mit Kondenswasser-Abführung (Unterschiene oder Gummi);
- Oberprofil, eventuell mit zusätzlichem Deckprofil, zur Befestigung und Dichtung;
- Mittelteil als Abstandhalter und zur thermischen Trennung aus Kunststoff, Gummi oder Holz;
- Falzraum, in dem die Glasscheibe liegt, mit Hinterlüftung und Bewegungsraum;
- Dichtungen nach innen und nach außen.

Das Angebot von Profilsystemen ist groß und kann hier nicht im einzelnen gezeigt und bewertet werden. Zwei gängige Verglasungssysteme sollen jedoch genauer vorgestellt und auf ihre jeweiligen Vor- und Nachteile hingewiesen werden: ein reines Aluminium-System und ein Aluminium/Holz-Mischsystem. Das Tragwerk des Wintergartens besteht in beiden Beispielen aus einer Brettschichtholz-Konstruktion, auf die das Profilsystem jeweils aufgesetzt wird. Auf Besonderheiten bei der Lösung der Detailpunkte Traufe, Glasstoß und Wandanschluß wird noch einmal genauer in Kapitel 6.2.2 eingegangen.

Homogenes Aluminiumsystem
Vorgefertigte, komplette Profilsysteme aus Aluminium werden auf dem Markt von mehreren Herstellern angeboten. Um ihr Konstruktionsprinzip zu erklären, sei das „System bug" als eines von vielen herausgegriffen. (39)

Es besteht aus drei Aluminiumschienen: einem Unter-, Ober- und Deckprofil. Die Trockenverglasung erfolgt durch ein EPDM- oder Silikon-Dichtprofil (siehe Kap. 5.4.2 ff). Das Oberprofil wird durch Schrauben mit dem Unterprofil verbunden, ein Abstandhalter sorgt für gleichmäßigen Anpressdruck und die thermische Trennung. Dies kann entweder durch Kunststoffhülsen um die Schrauben erreicht werden, wie in diesem Beispiel, oder auch durch ein durchgehendes Kunststoffprofil. Die Befestigung des gesamten Profilsystems erfolgt durch Schrauben im Holzsparren/-ständer.

Aufgrund des Konstruktionsprinzips dieses Profilsystems bleibt das Verglasungssystem von Bewegungen im Tragwerk weitgehend unbeeinflußt. So toleriert das System auch geringe auftretende Bauwerksbewegungen. Sie können durchaus aufgefangen werden, ohne daß es gleich zum Glasbruch kommt.

Daneben ermöglicht das gezeigte Aluminium-Profilsystem eine sichere und gleichmäßige Glasauflage über das gesamte Tragwerk und soll unter Umständen sogar leichte Paßungenauigkeiten in Anschlußpunkten, etwa zwischen Sparren und Traufpfetten, überbrücken. Eine solche planebene Glasauflage garantiert zudem einen gleichmäßigen Anpreßdruck. Dieser bewirkt erstens, daß die erforderliche Dampfdichtheit der Verglasungsebene erreicht wird und sorgt zweitens dafür, daß Kondenswasser auf den Scheibeninnenseiten nicht in die Falzräume eindringen kann - der Begriff „Falzräume" wird hier in Anlehnung an Fensterkonstruktionen für die Profilinnenräume benutzt.

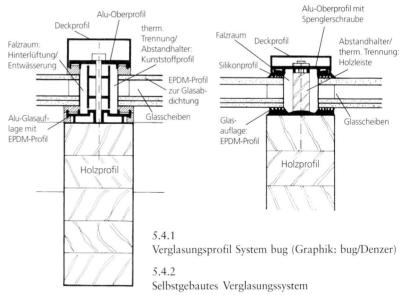

5.4.1
Verglasungsprofil System bug (Graphik: bug/Denzer)
5.4.2
Selbstgebautes Verglasungssystem

Kombiniertes Holz/Aluminiumsystem
Dieses System ist nicht von der Stange erhältlich. Die einzelnen Komponenten stellen Planer und Verarbeiter zusammen, letzterer sorgt dann für die technisch einwandfreie Fertigung.

Die wichtigsten Merkmale: Das Unterprofil wird bei diesem System durch eine EPDM-Auflage ersetzt. Sie muß mindestens eine Shore-A-Härte von 60 bis 70 Grad aufweisen. [5] Die Trockenverglasung erfolgt in jedem Fall ausschließlich mit vorgefertigten Silikon-Dichtprofilen, denn nur sie sind in den Anschlußpunkten wiederum mit Silikon verklebbar. [40] (Vgl. Kap. 5.5)

Als zweite System-Komponente dient ein Aluminium-Oberprofil, die Funktion des Abstandshalters und gleichzeitig der thermischen Trennung übernimmt eine Holzleiste. Aufgrund der geringen Wärmeleitfähigkeit von Holz ist diese Lösung optimal. Befestigt wird das Aluminium-Oberprofil und damit das gesamte Verglasungssystem durch die vorgebohrte Abstandsleiste direkt im Tragwerk. Wer die Befestigung mit Spenglerschrauben ausführt, die unter ihrem Kopf mit einem Gummi abgedichtet sind, kann auf ein Deckprofil verzichten.

Umgang mit den Systemen
Sowohl das homogene Aluminium- wie das kombinierte Holz/Aluminium-System haben ihre Vor- und Nachteile, daher ist eine eindeutige Wertung für eines der beiden System kaum möglich. Für beide gilt, daß ihr Einsatz nur dann zu einem guten, den technischen Anforderungen entsprechenden Ergebnis kommt, wenn sie auf die Tragwerkskonstruktion abgestimmt und mit hoher Sorgfalt verarbeitet werden. Das gilt vor allem für die Ausführung der Konstruktionsdetails, hier sind besonders die Erfahrung und das Geschick des Verarbeiters gefragt.

Vor- und Nachteile der Systeme
Jedes der beiden vorgestellten Systeme hat seine Eigenheiten und bringt unterschiedliche Probleme mit sich (vgl. Kap. 5.5), wie der kurze Überblick zeigt.

Homogene Aluminiumprofile - speziell und im allgemeinen:
- hoher Materialaufwand durch drei Schienen und damit hohe Kosten;
- nicht optimale thermische Trennung: es wurde schon Eisbildung am Unterprofil beobachtet;
- mitunter isolierglasgerechte Detailausbildung, besonders im Traufpunkt;
- Entwässerung der Querprofile unterschiedlich gut oder schlecht gelöst;
- Profilsystem mit Unterprofil kann Paßungenauigkeiten im Tragwerk nur in geringem Maße ausgleichen;
- Fugen zwischen Tragwerk und Profilsystem ermöglichen den Eintritt von Kondenswasser, es kann zu Feuchteschäden kommen.

Kombinierte Aluminium/Holz-Systeme:
- niedrige Materialkosten;
- Einfachheit in Konstruktion und Verarbeitung;
- gute thermische Trennung;
- Silikon-Dichtprofile für Detaillösungen sind notwendig, EPDM eignet sich hierfür nicht;
- auch für den geschickten Selbstbauer geeignet;
- Unabhängigkeit von Systemherstellern;
- kaum Ausgleich von Paßungenauigkeiten im Tragwerk möglich;
- mangelhafte Falzentwässerung der Querstöße.

Was die Verarbeitung betrifft, so gelten für beide vorgestellten Systeme die gleichen Regeln. Die Verwendung eines homogenen Systems, das gilt übrigens auch für die Stahl- und Kunststoff-Variante, bedeutet nicht, daß konstruktiv ungenauer gearbeitet werden kann. Kein Profilsystem gleicht konstruktive oder handwerkliche Fehler aus, es kann immer nur so gut funktionieren, wie es Planung und Ausführung des Gesamtsystems Wintergarten zulassen.

Wichtig für den Verarbeiter sind daher vor allem die folgenden Regeln:

- Glaseinstände einhalten, besonders bei beschichteten Gläsern;

- Glasfalzöffnung zeigt nach außen, speziell im Traufbereich;
- für ausreichende Belüftung der Glasfalze sorgen, besonders bei Querstößen;
- Scheiben mit Klotzbrücken verklotzen, das ermöglicht eine umlaufende Hinterlüftung;
- paßgenaue Verarbeitung des Tragwerks, Unebenheiten in Glasauflage vermeiden;
- nur Brettschichtholz verwenden;
- Silikondichtprofile einsetzen, da diese an den kritischen Punkten verklebt werden können;
- konstruktiv und materialgerecht arbeiten, so wenig spritzbare Dichtstoffe wie möglich verwenden, so wenig Anschlußpunkte wie möglich zulassen, da sich hier potentielle Undichtigkeiten ergeben.

5.4.2 Dichtsysteme: Material und Eigenschaften

Grundsätzlich lassen sich Dichtsysteme danach unterscheiden, in welchem Zustand sie verarbeitet werden: Als bereits ausgehärtetes Dichtprofil oder Dichtungsband vom laufenden Meter oder als weicher, spritzbarer Dichtstoff, der erst unter Einwirkung von Luftsauerstoff oder Luftfeuchtigkeit seinen eigentlichen Funktionszustand erreicht.

Beide Arten von Dichtsystemen haben im Prinzip die gleichen Aufgaben. Sie sollen Fugen zwischen Anschlußbauteilen und Tragwerk sowie den Verglasungselementen selbst gegen eindringende Feuchtigkeit abdichten. Dabei müssen sie auftretende Bewegungen der Bauteile aufnehmen können, eine ausreichende Haftfähigkeit an der jeweiligen Fuge aufweisen, mechanisch belastbar sowie unter den üblichen

Praxis-Tip

Komplettsysteme werden von mehreren Herstellern angeboten. Mit der Entscheidung für ein System legen Planer damit gleichzeitig auch die Ausführung der gesamten Detaillösungen fest. Sollten diese insgesamt nicht zufriedenstellen, sind auch modulare Lösungen möglich. Statt des Komplettsystems können durchaus verschiedene Komponenten miteinander kombiniert werden.

5.4.3 *oben*
Profillose Verglasung: Eine Alternative zur Pfosten-Riegel-Konstruktion ist die Verglasung ohne Abdeckprofil. Einzelbefestigungen und schwarze Silikon-Dichtungen verbinden die Glasscheiben. Technisches Manko: Silikon-Fugen sind nicht dampfdicht. Der große Dachüberstand über der Senkrechtverglasung mindert die Schadensanfälligkeit.

5.4.4 *unten*
Gestaltung vor technischer Sicherheit: Bei dieser Ecklösung mit schwarzer Silikonfuge wird das Risiko einer möglichen geringeren Lebensdauer in Kauf genommen. Die Ausrichtung des Glashauses, in diesem Fall nach Osten, verringert die Gefährdung durch eindringende Feuchtigkeit.

klimatischen Bedingungen und spezifischen Umwelteinflüssen alterungsbeständig sein. [40] Welches Dichtsystem jeweils das geeignete ist, hängt dabei wesentlich von der Konstruktion ab, für die es vorgesehen ist. Entscheidungskriterien sind vor allem:

- Materialeigenschaften im Funktionszustand (Volumenänderung, Haft- und Dehnverhalten, Rückstellvermögen, Bindemittelabwanderung),
- Verträglichkeit mit angrenzenden Haftflächen (Baustoffe und Anstrichsysteme)
- Verarbeitbarkeit und Standfestigkeit.

Jedes Dichtsystem weist diesbezüglich unterschiedliche Eigenschaften auf, die Faustregel lautet daher: Ein Allzweckdichtsystem gibt es nicht. Zum zweiten gilt: Der Dichtstoff aus der Spritzkartusche ersetzt nicht die Präzision in Planung und Ausführung. Die exakt ausgeführte konstruktive Lösung mit einem angepaßten Dichtprofil ist allen anderen Lösungen vorzuziehen, spritzbare Dichtstoffe sollten grundsätzlich nur sparsam Verwendung finden.

5.4.2.1 Dichtstoffe

Klassifiziert werden Dichtstoffe zunächst nach ihren physikalischen Eigenschaften. Sie werden unterschieden in härtende Dichtstoffe und solche, die plastisch oder elastisch bleiben.

- Härtender Dichtstoff (zum Beispiel Leinölkitt) geht aus dem verarbeitungsfähigen Zustand in einen nicht mehr zu verändernden, starren Zustand über. Er eignet sich daher nur schlecht, um Bewegung in Bauteilen aufzunehmen.
- Plastischer Dichtstoff kann auch noch nach seiner Verarbeitung seine Form verändern und sich mechanischem Druck anpassen. Je besser er sich nach seiner Verformung wieder in den Ursprungszustand zurückversetzt, je größer also sein Rückstellvermögen ist, desto elastischer ist er. Mischbegriffe wie plastoelastisch oder elastoplastisch betonen die jeweilige Stärke des Materials. Kitte auf Alkydharzbasis etwa können lediglich Bewegungen von einem Zwanzigstel der Fugenbreite aufnehmen. Silikone hingegen haben eine Elastizitätsspanne von bis zu einem Viertel der Fugenbreite.

Die gängigsten Dichtstoffe sind einkomponentige Systeme, die auf Luftsauerstoff und/oder Luftfeuchtigkeit reagieren und für die es keine ausgesprochene Verarbeitungszeit gibt. Der Dichtstoff bildet an seiner Oberfläche einen Film und trocknet dann langsam in der Masse durch.

Anders die zweikomponentigen Systeme. Erst kurz vor der Verarbeitung werden zwei Substanzen miteinander vermischt, die dann miteinander chemisch reagieren. Dies beginnt bereits während des Mischprozesses, so daß die Verarbeitungszeit sehr beschränkt ist. Soll die Funktionsfähigkeit gewährleistet sein, müssen die beiden Komponenten außerdem vollständig vermischt werden.

Die wichtigsten Dichtstoffe und ihre Eigenschaften im Überblick:

- Silikone: Unterschieden werden sauer vernetzende, neutral und basisch vernetzende Systeme. Die weitaus meisten von ihnen sind nicht überstreichbar mit Lakken und Lasuren, lediglich ein direkter Kontakt im Randbereich (ein bis zwei Millimeter) ist bei einigen Systemen akzeptabel. Ganzflächiges Überstreichen jedenfalls ist

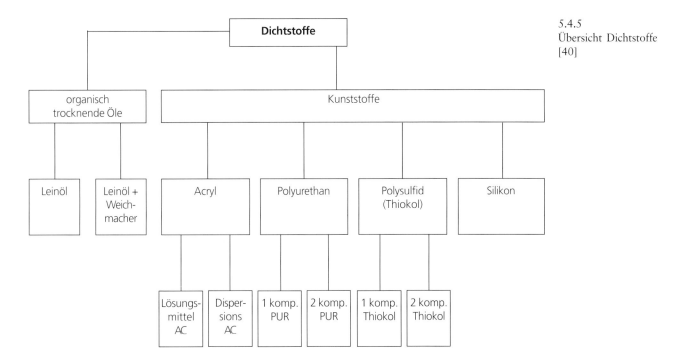

5.4.5
Übersicht Dichtstoffe
[40]

Praxis-Tip

Um eine gute Haftung zu erreichen, müssen bei der Verarbeitung von Dichtstoffen die Untergründe fett- und schmutzfrei sein. Daher empfiehlt sich vor der Verarbeitung eine Reinigung, ein Tip, der in der Praxis leider häufig nicht befolgt wird. Damit die Dichtung auf Dauer elastisch bleibt, braucht sie freie Bewegungsmöglichkeiten: Haften darf sie nur zu den Seitenflanken (2-Flankenhaftung) hin, an der Rückseite muß konstruktiv ein Ankleben verhindert werden.

Oft ist zudem eine Nachbearbeitung der Dichtstoff-Oberfläche notwendig. Als Hilfsmittel eignen sich Abstreichspachtel aus Kunststoff und eigens von den Dichtstoff-Herstellern angebotene Glättmittel. Statt dessen eingesetzte Spülmittel, lange Zeit eine gängige Alternative, ist seit der Beimischung von Trocknungsstoffen problematisch, da diese zu Verfärbungen von Glas und Rahmen führen können. Statt dessen empfiehlt sich die Verwendung von Neutralseife, die im Verhältnis 1:20 in Wasser gelöst wird. Ein Besprühen der Dichtmasse erhöht zudem die Reaktionsgeschwindigkeit, da die meisten Dichtstoffe mit Luftfeuchtigkeit reagieren.

Als Verarbeitungsgeräte empfehlen sich entweder hochwertige Handdruckspritzen, die leichtes und sauberes Verarbeiten ermöglichen, oder Druckluftspritzen. Durch Einstellen des richtigen Druckes kann eine gleichmäßige und kaum mehr nachzubearbeitende Versiegelung hergestellt werden.

bei Fugen, die durch äußere Kräfte mechanisch belastet sind, in jedem Fall zu vermeiden.

Auf unbehandeltem Holz ist die Haftfähigkeit von Silikonen sehr eingeschränkt. Lediglich eine sogenannte Krallhaftung kommt zustande, die Folge: Bei Bewegungen in der Fuge reißt die Silikon-Dichtung und Feuchtigkeit kann eindringen. Erst die Behandlung mit Lack- oder Lasur-Anstrichen schafft den nötigen Untergrund für eine dauerhafte Versiegelung (vgl. Praxis-Tip).

- Acetate, also sauer vernetzende Systeme, reagieren mit Luftfeuchtigkeit unter Abspaltung von Essigsäure. Ihre Haftung auf Glas und Aluminium ist sehr gut, bei anderen Baustoffen hingegen muß meist ein Primer zur Haftverbesserung eingesetzt werden. Zudem gibt es bei Zinkblech, Eisen, Stahl, Kupfer, Messing oder Blei die Gefahr der Korrosion (vgl. Kap. 6.2.2). Bei der Verarbeitung entsteht außerdem eine starke Geruchsbelästigung, darüber hinaus kann es zu Husten und Augenreizungen kommen. In jedem Fall ist auf ausreichende Belüftung zu achten. Vorteilhaft ist vor allem die schnelle Profilierung, das heißt konkret, daß sich die Oberfläche im Unterschied zu anderen Systemen rasch vernetzt und auf diese Weise Schmutzpartikel abweist. Saure Silikone sind in allen Farben lieferbar. Nachteil: Sie sind anfällig für Schimmelpilze, auch im feuchten Raumklima eines Glashauses.

- Neutral vernetzende Systeme zeichnen sich durch ihre leichte Verarbeitung und ihr gutes Haftverhalten auf fast allen Untergründen aus. In vielen Fällen kann auf einen Primer verzichtet werden. Außerdem sind neutrale Systeme hoch UV-beständig und bieten daher Vorteile vor allem bei der Anwendung im Außenbereich. Nachteilig allerdings ist, daß sie vergleichsweise lange Zeit nach ihrer Verarbeitung anfällig für Schmutz bleiben, kritisch vor allem für die schnell verschmutzenden, waagerechten Fugen. Mit 25 Prozent zulässiger Gesamtverformung, bezogen auf die Fugenbreite, liegen sie zudem an der Spitze der elastoplastischen Dichtstoffe. Neutral vernetzende Systeme gibt es in allen Farben, das Oximsystem auch in transparenter Form.

- Alkalisch vernetzende Systeme sind kaum gebräuchlich. Gute Haftung zeigen sie nur auf zementgebundenen Flächen oder Kunststoffen, die selbst basische Eigenschaften besitzen. Auffallend ist ihr intensiver Geruch.

Praxis-Tip

Weil Silikon-Dichtstoffe auf unbehandelten Holzuntergründen lediglich eine Krallhaftung aufweisen, muß vor dem Aufbringen des Dichtstoffes bereits ein Anstrich erfolgt sein. Schon aus diesem Grund ist die Verarbeitung von grundierten und mindestens einmal lackierten oder lasierten Holz-Bauteilen zu empfehlen. Ihren dritten und letzten Anstrich erhalten sie dann erst, wenn nach ihrer Montage vor Ort und dem Einbau der Gläser die Fugen abgedichtet worden sind. Achtung: Eine Silikon-Fuge bestenfalls im Randbereich, jedoch nie vollflächig überstreichen.

Acrylate
Unterschieden werden Lösungsmittel- und Dispersionsacrylate. Erstere verfestigen sich durch Verdunsten von Lösungsmitteln, letzter

hingegen durch Abdunsten von Wasser. In unbelasteten Fugen sind sie bedingt überstreichbar, allerdings sind beide recht temperatur- und feuchteempfindlich, bei Schlagregen kann es sogar zu Auswaschungen kommen. Zur Abdichtung von Fugen zwischen Holz und Glas sind sie ungeeignet. Dennoch werden sie wegen ihres vergleichbar niedrigen Preises auch in diesem Einsatzbereich verwendet, Feuchteschäden sind in einem solchen Fall vorprogrammiert. Sinnvoll lassen sich Acrylate im Innenbereich anwenden, bedingt auch im Fassadenbau. Eine Verarbeitung ist in jedem Fall nur bei trockenem Wetter empfehlenswert.

Polysulfid
Dieser Dichtstoff ist besser bekannt unter der Markenbezeichnung Thiokol und wird vor allem als Abdichtung von Isolierglaseinheiten verwendet. Thiokol zeichnet sich durch gutes Haftverhalten, aber auch durch hohe Gas- und Feuchtigkeitsdurchlässigkeit aus. Allerdings ist Thiokol nicht UV-beständig und quillt zudem unter Feuchteeinfluß auf. Diese Nachteile sind ein Grund für die aufwendige Verglasungstechnik, denn gerade die Qualität der Thiokoldichtung beeinflußt sehr stark die Lebensdauer der Isolierglaseinheit.

Exkurs: Primer

Um die ausreichende Haftung eines Dichtstoffes auf unterschiedlichem Material zu erreichen, empfehlen Hersteller für ihre Produkte entsprechende Haftgründe. Diese wirken als chemische Bindeglieder zwischen Dichtstoff und Material. Der Einsatz eines solchen Primers soll es dem Verarbeiter ermöglichen, auf wechselnden Untergründen den gleichen Dichtstoff zu verwenden - grundsätzlich ein durchaus sinnvolles Vorgehen. Doch gelten Primer aufgrund ihrer Zusammensetzung als ausgesprochen gesundheitsschädlich: Ihr Anteil an giftigen und bereits in geringen Mengen krebserregenden Lösemitteln wie Xylol und Benzol birgt hohe Risiken für den Anwender beim Einatmen oder bei Hautkontakt. Sinnvoller als der Einsatz von chemischen Haftgründen ist zur Vermeidung unerwünschter „Dichtungspotpouris" daher die sorgfältige Abstimmung unterschiedlicher Materialien. Wird zum Beispiel ein neutraler Silikon-Dichtstoff verwendet, der sich gut für die Versiegelung von vorbehandeltem Holz und Glas eignet, der aber auf einem anschließenden Zinkblech nur mit Hilfe eines Primers haften würde, ist es sinnvoll, das Zinkblech durch ein eloxiertes Aluminiumblech mit guten Hafteigenschaften zu ersetzen.

5.4.6
Materialgerechtes Abdichten der Fenster: Spritzbares, neutral vernetztes Silikon dient zur Verbindung eines Silikonprofils mit dem darunter liegenden Aluminiumblech an den Lüftungsklappen.

5.4.2.2 Dichtprofile

Für schwierige Fugen und Anschlüsse sowie zur Trockenverglasung werden Dichtprofile aus verschiedenen Kunstkautschuk-Arten eingesetzt. Die Vorteile solcher Preßdichtungen liegen in der Vereinfachung der Abdichtungsarbeiten, in der Lösbarkeit und Wiederverschließbarkeit der Verbindung sowie der hohen Beständigkeit der verwendeten Ausgangsstoffe, meist EPDM und Silikon-Kautschuk.

In der DIN 7863 sind die Mindestanforderungen an Dichtprofile festgelegt. Hierzu gehören unter anderem:

- Verträglichkeit mit Kontaktmedien,
- ein ausreichender Härtegrad: mindestens Shore-A-Härte (Einheit für die Festigkeit von Kautschuk)
- Zugfestigkeit und Reißdehnung,
- Druckverformungsrest in Abhängigkeit der Temperatur,
- Wärmealterung,
- Kälteverhalten.

Hinzu kommen weitere Anforderungen wie Lichtechtheit und die Verträglichkeit mit Beschichtungen der Kontaktflächen, etwa dem Rahmen. Je nach chemischer Zusammensetzung können Wechselwirkungen eintreten, die zu Funktionsstörungen führen. Auf keinen Fall sollten Dichtprofile mit Anstrichen versehen werden.

Die wichtigsten Dichtprofile in der Pfosten-Riegel-Konstruktion und ihre Eigenschaften im Überblick:

Etyhlen-Propylen-Terpolymer-Kautschuk (EPDM)
EPDM ist ein elastisches, witterungs- und hoch UV-beständiges Dichtmaterial, das im Temperaturbereich von -50°C bis +90°C einsatzfähig bleibt. Rückstellvermögen und Alterungsbeständigkeit gelten als gut, es kann verklebt oder vulkanisiert werden, allerdings erhöht sich dadurch der Verarbeitungsaufwand spürbar.

Sein Nachteil: EPDM-Profile sind nur in Schwarz lieferbar. Daraus folgt starke Erwärmung durch Sonneneinstrahlung und folglich hohe Wärmebelastung von Isolierglasrandverbünden durch EPDM-Dichtprofile.

Silikonkautschuk
Der in der Herstellung vulkanisierte Silikonkautschuk, der für Dichtprofile eingesetzt wird, darf nicht mit spritzbaren Silikondichtungsmassen verwechselt werden. Allerdings verfügt auch er über dessen wichtigste vorteilhafte Eigenschaften wie UV-, Witterungs- und Temperaturbeständigkeit. Im Gegensatz zu EPDM-Profilen sind Silikon-Profile auf einfache Weise dauerhaft verklebbar mit sich selbst und verschiedenen Untergründen. Dies ist besonders vorteilhaft bei der Lösung von Anschlußpunkten in der Dachverglasung (vgl. Kap. 5.5).

Zudem läßt sich Silikonkautschuk einfärben, so daß der Einsatz weißer und hellgrauer Profile möglich ist. Weil sich diese unter Sonneneinstrahlung weniger stark aufheizen als schwarze Profile und damit weniger Wärme auf den Randverbund der Isolierglasscheiben leiten, eignen sie sich besser als EPDM zur Trockenverglasung.

Ein weiterer Vorteil liegt im geringen Druckverformungsrest (DV) des Silikon-Profils. Diese Eigenschaft benennt die Rückstellung eines elastischen Kautschuks nach seiner Verformung aufgrund von Belastung, ist also das Maß für das Bestreben eines Profils, in seinen

Ausgangszustand zurückzukehren. Ist der DV klein, bedeutet dies eine gute Formbewahrung, zuverlässigen Anpreßdruck und damit gute Dichtungseigenschaften.

Dichtprofile in Fensterkonstruktionen
Analog zur Trockenverglasung im Pfosten-Riegel-System können auch Verglasungen in senkrechten Rahmenkonstruktionen aus Holz mit vorgefertigten Silikon- und EPDM-Profilen abgedichtet werden. [24 u. 25] Die Befestigung übernehmen, wie beim Fenster, Glashalteleisten auf der raumzugewandten Seite. Die leider bisweilen vernachlässigte Glasfalzbelüftung im Holzrahmen/-fenster ist hier absolut notwendig. Denn selbst bei sehr sorgfältiger Verarbeitung kann es an den Problempunkten in den unteren Rahmenecken leicht zu unerwünschten Wasseransammlungen auf der Dichtung kommen, mit der Gefahr des Eindringens von Feuchtigkeit in den Glasfalz.

Diese Art der Glasabdichtung bringt erhebliche Zeitvorteile beim Einbau, Wetterunabhängigkeit auf der Baustelle und eine einfache Wiederherstellung der Dichtung nach einem Scheibenaustausch im Schadensfall.

5.4.7 Glasabdichtung im Senkrechtbereich: Statt spritzbarem Silikon dienen hier Profile auf den Glasleisten zur Glasabdichtung.

5.4.2.3 Dichtungsbänder

Vor allem für nachträgliche und behelfsmäßige Anschlüsse werden Dichtungsbänder aus Butylkautschuk oder Bitumen verwendet. Ein Ersatz für schraubbare Profile allerdings sind sie nicht: Sie können kaum mechanische Kräfte aufnehmen, ihre zulässige Gesamtverformung liegt bei lediglich fünf Prozent.

Praxis-Tip

Nimmt ein Dichtprofil nach Belastung durch Schnee seine Form nur wieder unzureichend ein, ergeben sich auch bei fehlerfreien Verglasungen Undichtigkeiten. Diese lassen sich durch Nachziehen der Schrauben meist einfach beheben. Da viele Dächer im nachhinein nur schwer zugänglich sind, ist der Aufwand dennoch hoch, so daß von vornherein Dichtprofile mit niedrigem Druckverformungsrest (DV) verwendet werden sollten.

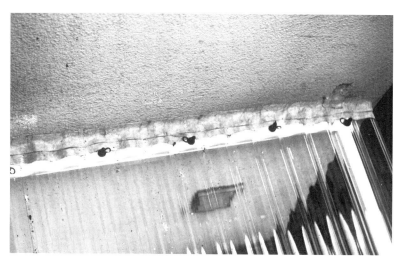

5.4.8
Wand-Anschluß mit Butylband: Auch nachträglich ist eine Fugenabdichtung mit Butylband problemlos möglich.

Butylbänder
Basis ist Butylkautschuk, ein besonders gas- und wasserdampfdichtes, witterungs- und alterungsbeständiges Material, das zudem unempfindlich gegen viele Chemikalien ist. Zum Schutz vor UV-Strahlung wird es mit Vlies-, Alu- oder Kunststoffabdeckung geliefert. Ihre Anwendung finden Butylbänder in optisch nicht exponierten Fugen. Früher wurden Butylbänder zudem häufig bei Dachverglasungen auf T-Stahlprofilen mit Einfachglas benutzt.

Bitumenbänder
Bitumen haftet problemlos auf den meisten Untergründen, deshalb verwendet man diese Bänder für Anschlüsse an Putz und Mauerwerk, doch stets konstruktiv geschützt. Die starke Klebrigkeit des Bitumens ist ein Handicap in der Handhabung und führt schnell zu Verschmutzungen. Anschlüsse an Glas sollten vermieden werden. Geliefert werden Bitumenbänder auf Rollen mit einer Aluminiumkaschierung.

Einige Profilsysteme arbeiten mit einer zweiten Dichtungsebene zwischen Glasscheiben und Trockenverglasung. Zu diesem Zweck werden dort spezielle Bitumenbänder verklebt.

5.5 Konstruktionsbeispiele

Die unterschiedlichen Anforderungen des Gesamtsystems Wintergarten finden letztendlich in der Konstruktion ihren Ausdruck. Beispielhafte Lösungen, die bewußt Schwerpunkte unter Einzelaspekten betonen, sind bereits in den vorherigen Kapiteln dargestellt worden. Im Folgenden werden besonders die Detailpunkte der Dachverglasung näher betrachtet und allgemeingültige Qualitätsmerkmale von Wintergartenkonstruktionen zusammengefaßt.

5.5.1 Tragwerk Holz und Verglasung

Zwischen Tragwerk und Verglasungssystem besteht eine enge Verbindung. Während die beiden Komponenten bei Metallkonstruktionen direkt miteinander verbunden sind, sind bei einem Holztragwerk unterschiedliche Kombinationen von Dicht- und Befestigungsprofilen möglich. Alle müssen jedoch die Anforde-

5.5.1 *oben und unten*
Die Vormontage des Tragwerks gewährleistet Maßhaltigkeit und Paßgenauigkeit bei der Verglasung. Hilfsmittel beim Aufstellen ist ein einfacher Flaschenzug.

rungen erfüllen, die in Kapitel 5.4 beschrieben wurden.

Besonderes Augenmerk soll hier auf die Holzkonstruktion gerichtet werden, da Fehler schneller als bei Metallkonstruktionen zu Beeinträchtigungen führen können. Außerdem ist ein Wintergarten aus Holz für den Selbstbau besonders geeignet.

In der Praxis bewährt hat sich die Pfosten-Riegel-Konstruktion im Holz-Aluminium-Verbundsystem mit den Komponenten: Holztragwerk mit Aluminiumschienen zur Glasbefestigung und Silikonprofilen zur Abdichtung.

Verschiedene Ausführungsmöglichkeiten stehen dabei zur Wahl: Dach und Wand können zum einen in gleicher Pfosten-Riegel-Konstruktion erstellt werden. Dabei ist es möglich, sowohl für das Dach als auch für die Wand ein Holz-Aluminium-Verbundsystem einzusetzten. Dies kann aber auch nur für die Konstruktion des Daches verwendet werden, dann wird die Wand als reine Holzkonstruktion mit Holz-Verglasungs-Profilen ausgebildet.

Eine zweite Variante ist, das Dach als Pfosten-Riegel-Konstruktion, die Wand aber als reine Fensterkonstruktion auszuführen. In diesem Fall wird das Dach mit Aluminium- und Silikon-Dichtprofilen, also „trocken" verglast.

Für die Konstruktion der Wand gibt es wiederum zwei Möglichkeiten. Erstens: Die Wand oder Rahmenkonstruktion wird mit Profilen und Glasleisten in Trockenverglasung abgedichtet. Zweitens: Die Senkrechtscheiben werden mit Silikon aus der Kartusche versiegelt. Welche Ausführung gewählt wird, ist in erster Linie abhängig von den Anforderungen und Verarbeitungsqualitäten: Sicherheit, Schnelligkeit, Erfahrung. Beim Selbstbau sollte jeder Bauherr seine handwerklichen Fähigkeiten realistisch einschätzen.

Die Abb. 5.5.3 bis 5.5.17 zeigen für verschiedene Detailpunkte die Ausführung der Verglasung und der Anschlüsse an die angrenzende Bauteile in Holz-Aluminium-Mischkonstruktion. Das Regeldetail zur Pfosten-Riegel-Konstruktion und die entsprechenden technischen Anforderungen wurden bereits in Kapitel 5.1 gezeigt und erläutert.

5.5.2
Unterschiedliche Verglasungssysteme: Hier wurde das Dach als Pfosten-Riegel-Konstruktion mit einem Holz/Aluminium-Verbundsystem und die Wand als Fenstersystem mit Dichtprofilen ausgeführt.

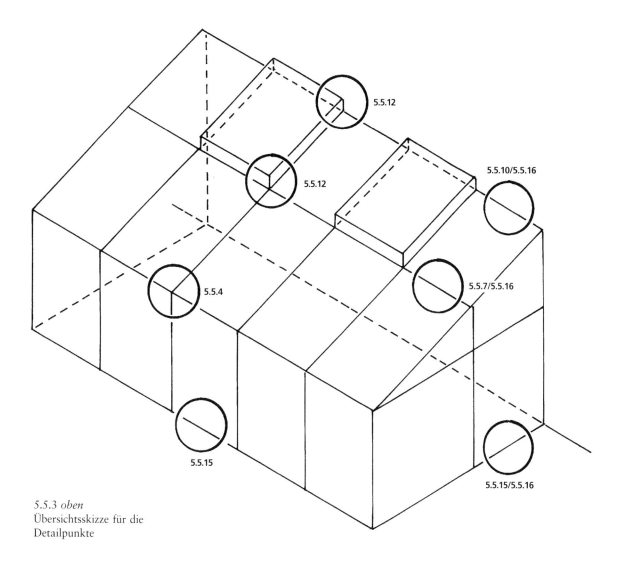

5.5.3 *oben*
Übersichtsskizze für die Detailpunkte

5.5.4 *rechts*
Detail Traufe: Traufpunkt mit Fensteranschluß (Schnitt)

5.5.5 *links oben*
Detail Traufe: Traufausbildung in der Aufsicht.

5.5.6 *links unten*
Dach mit Traufe und Fenster: Eine funktional gute Lösung - Traufe mit Stufen-Isolierglas und Blechabkantung. Die Entlüftung des Wintergartens erfolgt über ein Standard-Dachflächenfenster.

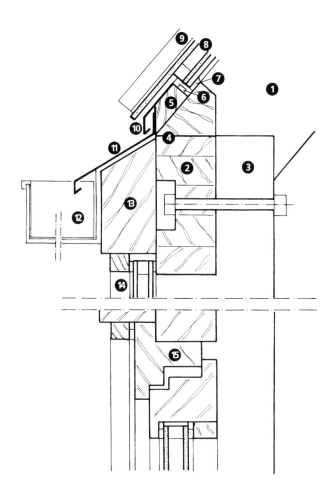

1 Sparren
2 Traufrähm
3 Stütze
4 Paßholz
5 Glashalteleiste
6 Klotzbrücke
7 EPDM-Glasauflage
8 Stufenisolierglas
   mit VSG-Scheibe innen
9 Aluleiste mit
   Silikonprofil
10 Blechabdeckung
11 Blechabdeckung
12 Dachrinne
13 Anschlußprofil
14 Senkrecht vergl.
   mit Holz (oder
   Alu-) profil

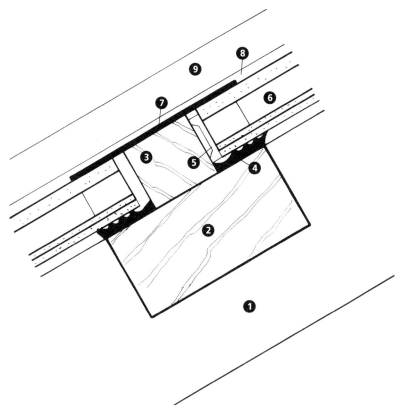

1 Sparren
2 Rähm
3 Glashalteleiste
4 Glasauflage
5 Klotzbrücke
6 Dachverglasung mit VSG-Scheibe
7 Silikonquerprofil auf Scheiben geklebt
8 Silikonprofil; Längsdichtung, an Eckpunkten mit Querprofil verklebt
9 Aluprofil

5.5.7 *links*
Detail Glasstoß (Schnitt)

5.5.8 *rechts oben*
Ein häufig auftretendes Problem beim Glasstoß: die nicht funktionierende Tauwasser-Abführung aus dem Querprofil.

5.5.9 *rechts unten*
Glasstoß in der Bauphase mit Silikon-Dichtprofil.

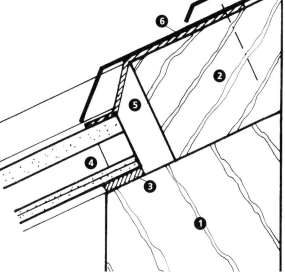

1 Firsträhm an Wand gedübelt
2 Anschlußholz
3 Glasauflage
4 Dachverglasung
5 Bitumenband: Glasabdichtung
6 Blechabdeckung des Glasanschlußes
7 Blechabdeckung
8 Bitumenband Andichtung zur Wand
9 Silikonfuge
10 Mauerwerk

5.5.10 *oben*
Detail: Wandanschluß mit zwei Blechprofilen

5.5.11 *rechts*
Wandanschluß mit zwei Blechprofilen, darunterliegend eine zweifache Wandandichtung aus Dichtstoffen.

1 Firsträhm
2 Paßhölzer
3 Querstoß
4 Dachflächenfenster
5 Silikonprofil
6 Sperrholzplatte
7 Blechabdeckung
8 Putzanschluß mit Putzleiste

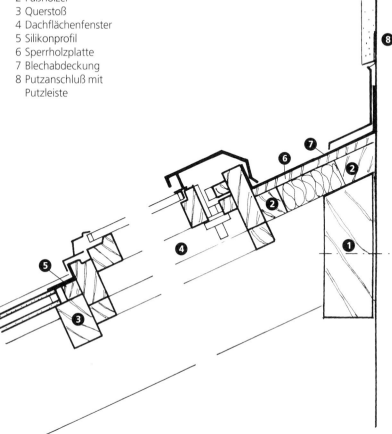

5.5.12 *links*
Detail: Anschluß Dachflächenfenster (Schnitt)

5.5.13 *rechts oben*
Vor dem Einbau der Dachflächenfenster müssen die Bleche der Fenster abmontiert werden.

5.5.14 *oben*
Dachflächenfenster: Nach Andichtung und Anstrich können die Aluminiumbleche wieder aufgesetzt werden.

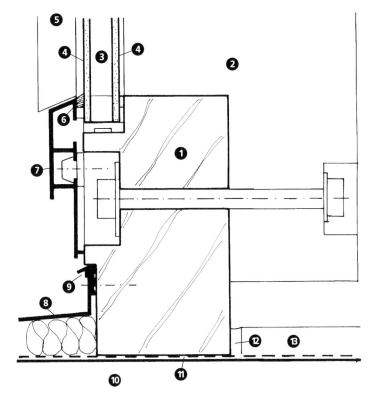

5.5.15 *links*
Detail Fußpunkt: Anschluß an Fundament oder Sockel (Schnitt)

5.5.16 *Mitte*
Konstruktion im Zusammenhang: Schnitt durch Dach und „Wand"

5.5.17 *rechts*
Fußpunkt beim Fenstersystem: Bitumenandichtung und geneigte Fensterbank schützen die Konstruktion vor Wasser.

1 Schwelle
2 Stütze
3 Glaseinheit
4 Silikonprofil
5 Glasbefestigung
 (Holz- oder Aluprofil)
6 Spritzbares Silikon
 (Versiegelung)
7 Alu-Schiene/
 Rahmenprofil
8 Fensterbank
9 Dichtlippe
10 Sockel oder Fundament
11 Dichtungsbahn
12 DE-Fuge
13 Fußboden/Fensterbank

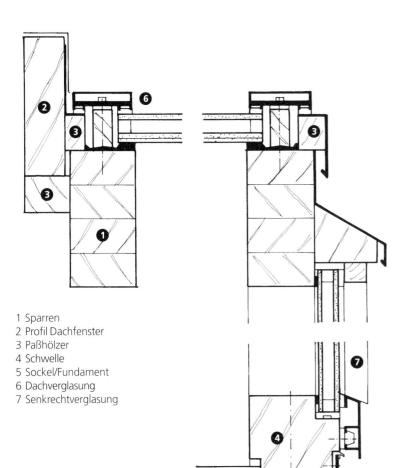

1 Sparren
2 Profil Dachfenster
3 Paßhölzer
4 Schwelle
5 Sockel/Fundament
6 Dachverglasung
7 Senkrechtverglasung

5.5.2 Was eine gute Konstruktion auszeichnet

Das vielleicht wichtigste Qualitätsmerkmal einer Konstruktion ist ihre Einfachheit. Häufig jedoch werden aus vermeintlich ästhetischen Gründen aufwendige, schwer ausführbare und teure Detaillösungen nötig. Wer hingegen auf eine klare und einfache Gestaltung setzt, erreicht hohe Qualität mit vertretbarem Aufwand. Hier die wichtigsten Grundregeln im Überblick:

- Ecken und Durchbrüche vermeiden. Dadurch verringert sich der konstruktive Aufwand, das Bauvorhaben kann kostengünstiger - etwa durch Verzicht auf den Einsatz von Modellscheiben (Sonderzuschnitt) - ausgeführt werden. Durch wenige, sichere Anschlüsse im Glasbereich schließlich werden potentielle Undichtigkeiten vermieden.
- Durchgängige Konstruktionsebenen schaffen. Glas und Wärmedämmung in Anschlußbauteilen sollten ebenso wie Dichtungen gegen Feuchtigkeit immer in einer Ebene liegen.
- Tragende Querschnitte optimal dimensionieren.
- Aussteifungselemente angemessen gestalten. Nach Möglichkeit sollten dazu massive Bauteile genutzt werden, die gleichzeitig zur klimatischen Stabilisierung und/oder zur Beschattung dienen können (vgl. Kap. 2.3 und Kap. 2.4).
- Beim Tragwerk auf Standfestigkeit und Sicherheit des Glases achten (vgl. Kap. 5.2).
- Außen Regen und Schnee, innen Kondenswasser sicher ableiten.
- Die Konstruktion gegen aufsteigende Feuchtigkeit aus dem Boden abdichten.
- Anschlüsse konstruktiv lösen. Eine einfache dauerelastische Fuge ist nicht ausreichend. Für gute Wärmedämmung, Winddichtigkeit sowie Schutz vor Feuchtigkeit sorgen.

5.6 Bauliche und technische Ausstattung

Welche Art von Wänden und Böden, welche Lüftung und Beschattung ein Wintergarten braucht, ist zunächst davon abhängig, wie er genutzt wird. Je nachdem, ob er als Wohnraum, Gewächshaus oder Energiesystem dient, werden unter funktionalen und energetischen Aspekten wechselnde Anforderungen an seine Ausstattung gestellt (vgl. Kap. 2.3.). Ein Wohnraum etwa, der über das ganze Jahr genutzt wird, bedarf einer sorgfältigeren und ausgewogeneren Regelung der raumklimatischen Verhältnisse als jede Art von Glashaus, das nur einer temporären Nutzung dient. In diesem können durchaus auch einmal klimatische Extremsituationen geduldet werden, jedenfalls so lange dafür gesorgt ist, daß sich das Kernhaus klimatisch völlig vom Glashaus abkoppeln läßt.

Über die konkrete Ausstattung entscheiden schließlich vor allem Standort und bauliche Gegebenheiten. Der Gestaltungsspielraum bei gleichzeitiger Planung und Bau von Wintergarten und Gebäude ist größer als beim nachträglichen Anbau eines Wintergarten an ein Gebäude.

Wärmelast, Feuchteanfall und spezifische Anforderungen etwa durch Bepflanzung bestimmen Art und Umfang von Lüftungs- und

Verschattungsanlagen. Ebenso müssen von Fall zu Fall Elektro- und Heizungsinstallationen sowie eventuell Berieselungsanlagen in Gewächshäusern vorgesehen werden (vgl. Kap. 7.4).

5.6.1 Anschlußwände und Fußböden

Wände und Fußböden übernehmen eine wichtige Funktion im Hinblick auf die klimatischen Verhältnisse im Glashaus. In ihrer Funktion als Wärmespeichermasse stabilisieren sie das Raumklima im Wintergarten (vgl. Kap. 2.3.), besonders während der Übergangszeit: Tagsüber aufgenommene Wärme wird abends langsam wieder abgegeben. Die nachts abgekühlten Wände und Böden schützen durch Kälteabgabe am Tage vor möglicher Überhitzung. Eher nachteilig allerdings wirken sich Speichermassen im Winter aus, wenn sie die ohnehin niedrigen Raumtemperaturen im Glashaus noch weiter absenken. Erst eine ausgewogene Mischung von Wärmespeicher- und Wärmedämm-Maßnahmen also sorgt für die gewünschte Nutzbarkeit des Glashauses (vgl. Kap. 2.2.3).

Was die konkrete bauliche Ausführung von Wänden und Böden betrifft, so lautet der wichtigste Grundsatz: Bauteile sollten kon-

Praxis-Tip

Wintergärten werden oft unter Balkone an ein bestehendes Gebäude angesetzt. Wer dabei vergißt, auch den Balkon zu dämmen, erlebt böse Überraschungen: Tauwasserbildung und Feuchteschäden durch die entstandene Kältebrücke sind unweigerlich die Folge. Deshalb, auch wenn es Mühe macht: Balkone beim Anbau von Wintergärten generell mitdämmen.

5.6.1
Der großzügige Einsatz von verglasten Zwischenwänden dient der thermischen Trennung ebenso wie zur funktionalen Verbindung von Kernhaus und Wintergarten.

5.6.2
Detailpunkt Anschluß Hauswand: Die Fuge zwischen Holz und Putz muß dauerelastisch verbunden werden, zwischen den Bauteilen gedämmt werden.

5.6.3
Die beste Ausführung für konstruktiv saubere Anschlüsse zwischen Wintergarten und Hauswand ist beim gleichzeitigen Bau von Wohnhaus und Glasanbau möglich.

struktiv miteinander verbunden werden, um den Einsatz von Dichtstoffen auf ein Minimum beschränken zu können. Jeder „geklebte" Anschlußpunkt ist eine potentielle Schadensquelle. Je korrekter und sorgfältiger schließlich auch wärmeschutztechnisch und bauphysikalisch gearbeitet wird, umso weniger schadensanfällig wird das Glashaus auf Dauer sein: Durch die Einhaltung und Schließung der Dämmebenen zwischen Wintergartenkonstruktion und anderen Bauteilen – vor allem Fundament und Trennwänden – werden Kältebrücken vermieden und Anschlußfugen dauerhaft abgedichtet. Sogenannte „Dachdecker-Lösungen", bei denen mit Vorsatzschienen und Silikonfugen gearbeitet wird, können teuer werden, Mehraufwand beim Bau hingegen wird auf Dauer belohnt.

Fußböden
Bei der Auswahl des Fußbodens kommt es in erster Linie auf den Nutzungsschwerpunkt des Wintergartens an, auf Pflegeleichtigkeit, Strapazierfähigkeit und Behaglichkeit des Belags. Neben funktionalen Aspekten spielen natürlich auch gestalterische Aspekte eine Rolle, denn nicht jeder Bodenbelag paßt zum Charakter eines jeden Gebäudes.

In vielen Fällen wird die Entscheidung zugunsten eines Stein- oder keramischen Bodens fallen. Geeignet sind im Prinzip alle Beläge aus Natur- oder Betonwerkstein, aus Keramik oder Ziegelton – die sich auch für den Außenbereich eignen. Der Belag sollte frostfest sein, bei keramischen Belägen empfiehlt sich zudem die Entscheidung für unglasierte Ware. Aufgrund des hohen Feuchteanfalls in Glashäusern wird das Gehen auf glasierten Bodenplatten schnell zur Rutschpartie.

Auch Holzböden sind im Wintergarten sinnvoll, sie bieten Fußwärme, allerdings sind sie feuchteempfindlicher und eignen sich nicht als Wärmespeichermasse.

Konstruktiv gilt sowohl für Stein- wie für Holzböden: Der Fußbodenaufbau sollte wie bei jedem anderen Wohnraum ausgeführt werden, also mit Streifenfundament am Rand, Bodenplatte, Dämmung und Feuchteisolierung. So werden Wärmeverluste vermieden und die Konstruktion gegen aufsteigende Feuchtigkeit geschützt.

Im Gewächshaus und in unbeheizten Zwischenzonen, die nur temporär zu Wohnzwecken genutzt werden, müssen Fußböden nicht unbe-

5.6.4 *oben links*
Für Wintergärten als Wohnraumerweiterung gut geeignet: fußwarme Holzböden.

5.6.5 *oben rechts*
Die Vorzüge eines keramischen Bodenbelags: Pflegeleichtigkeit und gute Wärmespeicher-Kapazitäten.

5.6.6 *unten rechts*
Backsteine als Bodenbelag sind preiswert, pflegeleicht und eignen sich insbesondere für Wintergärten als Pufferzonen.

dingt gedämmt werden. Die Wahl des Aufbaus und der Bodenbeläge hängt dann von der Beschaffenheit des Untergrunds - Lehm, Sand, Torfboden oder Fels - ab.

Im Gewächshaus, in dem man Wärmeverluste und einen erhöhten Feuchteanfall durchaus in Kauf nimmt, kann auf einen festen Boden sogar ganz verzichtet werden. Wo Pflanzen wachsen sollen, ist viel Feuchtigkeit sogar erwünscht, ein Mulchboden auf einem Kies- oder Schotteruntergrund kann hier die beste Lösung sein. Alternativ reichen auch Backsteine, die lose in ein Sandbett gesetzt werden, sogar zum Untergrund offene Pflanzbeete sind möglich. Hierbei ist allerdings unbedingt zu prüfen, wieviel Feuchtigkeit der Boden führt. Ein Torfboden oder ein feuchter Lehmboden etwa bringt viel Feuchte in den Raum, die Folge sind unweigerlich Beeinträchtigungen der Nutzung und Konstruktion.

Praxis-Tip

Vor allem, wenn ein Wintergarten vornehmlich als Gewächshaus genutzt werden soll, empfiehlt sich eine genaue Prüfung des Untergrunds, bevor die Entscheidung über die Ausführung des Bodens fällt. Hier muß unbedingt eine Abwägung erfolgen zwischen dem Feuchtebedarf der Pflanzen und der Menge an Feuchtigkeit, die eine Konstruktion gerade noch schadlos überstehen kann. Ein nicht befestigter Boden, der zu viel Feuchtigkeit in den Wintergarten bringt, gefährdet die Standfestigkeit des Glashauses.

5.6.2 Technische Klimatisierung

Lüftungs- und Verschattungseinrichtungen sind die unverzichtbaren Komponenten für die Regulierung des Raumklimas eines Wintergartens. Nur im aufeinander abgestimmten und individuell angepaßten Zusammenspiel können ein störungsfreies Funktionieren und hohe Wirksamkeit erreicht werden. Zu diesem Zweck ist jedoch nicht unbedingt eine hochkomplizierte Technik notwendig. Im Gegenteil: Einfachheit und Überschaubarkeit der eingesetzten Technik bringen die besten Ergebnisse.

Die Auslegung der „Klimatechnik" ist von einer Reihe von Faktoren abhängig wie

- Bauweise,
- Lage,
- Ausrichtung,
- Dachneigung,
- Anbindung,
- Anteil massiver Bauteile,
- Glasflächenanteil und
- tatsächliche Sonneneinstrahlung.

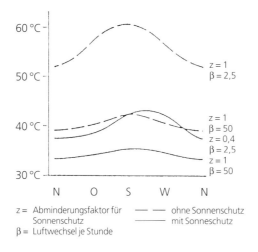

5.6.7
Temperaturen im Glashaus. Einflüsse von Lüftung und Verschattung. Die Aufheizung eines Wintergartens im Sommer ist in erster Linie von seinem Sonnenschutz und der Be- und Entlüftung abhängig. [4]

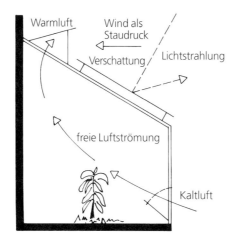

5.6.8
Komponenten der Klimatisierung: Klimatisierung eines Wintergartens durch Außenverschattung und natürlichen Luftauftrieb. Pflanzen sollten die Luftströmung nicht behindern.

Um den Aufwand an den erforderlichen technischen Einrichtungen möglichst gering zu halten (und Kosten zu sparen), sollte ein Wintergarten zunächst in seiner Bauweise konstruktiv und gestalterisch nach seiner Nutzung optimiert werden (vgl. Kap. 2.4). Durch diese Maßnahmen kann sich der Lüftungsbedarf bereits erheblich reduzieren. Daraus folgende niedrige Luftwechselraten fördern die Behaglichkeit, während große Luftbewegungen zu Zugerscheinungen für Mensch und Pflanzen führen. Übrigens: Gerade Pflanzen brauchen nicht nur im Sommer, sondern auch bei hoher Sonneneinstrahlung im Winter abgestimmte Lüftungs- und Verschattungseinrichtungen (vgl. Kap. 7.3.1).

5.6.3 Lüftung

Es gibt sehr unterschiedliche Möglichkeiten, einen Wintergarten zu belüften. Welche im Einzelfall die geeignete ist, hängt von den eingangs genannten Gegebenheiten vor Ort ab (vgl. Kap. 5.6.2).

Die Summe dieser Parameter, durchaus mit jeweils unterschiedlicher Gewichtung, bestimmt die spezifische Wärmelast und in der Folge den Lüftungsbedarf. [41], [42]. Ob einfache Fenster, Türen, besondere Lüftungsklappen oder etwa automatische Lüfter im Einzelfall gewählt werden, hängt wiederum ab von den spezifischen Gegebenheiten des einzelnen Glashauses ab. Weitere Entscheidungsfaktoren sind der Bedienungskomfort und natürlich die Kosten.

5.6.9
Klimatisierung: Die Stellung der Lüftungsklappen von unten nach oben ermöglicht eine freie Strömung der warmen Abluft.
(Foto: Fa. Meuvo)

Thermische/ natürliche Lüftung
Bei jeder Planung sollte zunächst die natürliche Lüftung des Wintergartens optimiert werden. Diese nutzt die sich von selbst einstellenden thermischen Effekte: Luft erwärmt sich, steigt nach oben und wird am höchsten Punkt des Bauwerks nach außen abgegeben. Voraussetzungen für das reibungslose Funktionieren dieses als Kamineffekt bekannten Phänomens sind ein möglichst großer Höhenunterschied, freie Luftströmung und die Zufuhr nachströmender Kaltluft (vgl. Kap. 2.1.3). Die natürlichen Luftströmungen sind jedoch sehr störanfällig. Ein zu flaches Dach, Innenverschattungen, Bepflanzungen und Einrichtungen können sich schnell so auswirken, daß die warme Luft zu langsam oder gar nicht abgeführt wird und ein Hitzestau entsteht. Schon einfache Fliegengitter, aber auch leichter Wind, der auf den Lüftungsklappen steht, behindern die Abluft.

Dimensionierung der Lüftung
Die genaue Auslegung der notwendigen Querschnitte von Lüftungsklappen ist wegen der unterschiedlichen Voraussetzungen durch die individuelle Bauweise recht schwierig. Zwar lassen sich die freien Lüftungsquerschnitte der Öffnungen, die Warmluftströmung und der Luftwechsel an den Klappen leicht berechnen. Doch gibt es eine ganze Anzahl nicht zu berechnender, sich ständig ändernder Einflüsse durch Wetter und Benutzung, die außerdem als Hauptstörgröße angesehen werden müssen. Zur annähernden Auslegung der Anlagengröße kann der Wintergartenbauer auf die Grundlagen des Erwerbsgewächshausbaus [8] und auf die Erfahrungen aus der Praxis zurückgreifen. Es hat sich erwiesen, daß die daraus hergeleitete Faustformel, fünfzehn bis zwanzig Prozent der Glasflächen für Zu- und Abluft öffenbar zu gestalten, gute Ergebnisse bringt. Etwas Augenmaß bei der Verteilung und Anordnung

5.6.10
Die Lüftungsklappen in der Senkrechten sollten sich nach innen öffnen, um gute Zuluftströmung zu erreichen.
Foto: Fa. Meuvo

Praxis-Tip

Gut bewährt haben sich für Holz/Aluminium-Wintergarten normale Dachflächenfenster. Denn sie lassen sich gestalterisch und konstruktiv gut einpassen. Die Fertigung nach Sondermaßen und die vielfältige Glaswahl sind ebenso vorteilhaft wie die Bedienungsmöglichkeiten. Bis zu einer Einbauhöhe von sechs Metern können besondere Stangen oder Schnurzüge zur Öffnung eingesetzt werden. Für die elektrische Bedienung eignen sich Spindelheber, die auch automatisch betrieben werden können (vgl. Kap. 5.6.5).

der Klappen sorgt für eine möglichst umfassende Durchströmung des Wintergartens. Deshalb sollten „tote Ecken" sorgfältig vermieden werden (vgl. auch Kap. 6.3). Es ist jedem Fall ratsam, gerade bei der Lüftung eher zuviel des Guten zu tun. Motto: Es können gar nicht zu viele Öffnungen eingebaut werden.

Ein Beispiel für die konkrete Ausführung einer Lüftungsanlage findet sich in Kapitel 4.3.2, „Extreme zulassen".

Abluft

Die Entlüftung eines Wintergartens erfolgt über Öffnungen im Dach oder in den seitlichen Giebelwänden als Querlüftung. Von letzterer ist jedoch in den meisten Fällen abzuraten, da sich die notwendigen Lüftungsquerschnitte durch zu kleine Flächen in den Giebeln und technisch ungünstige Beschläge der Fenster kaum erreichen lassen.

Lüftungsklappen im Glasdach können mit unterschiedlichen Öffnungsvorrichtungen versehen werden. Eine manuelle Bedienung ist in vielen Fällen nicht sinnvoll: Die Klappen sind zu schwer und schlecht erreichbar. Für alle Konstruktionen bietet der Markt maßgefertigte Klappen mit unterschiedlichen Öffnungssystemen. Am einfachsten sind manuelle und elektrische Spindelheber, die allerdings nur eine relativ kleine Last tragen können, und nur eine geringe Öffnungsweite ermöglichen. Besser geeignet sind Scheren- oder Zahnstangen-Hebemechanismen mit Wellenantrieb. Solche Systeme arbeiten elektrisch und können daher leicht automatisiert werden (vgl. Kap. 5.6.5).

Zuluft

Im senkrechten Bereich kann die Luft über spezielle Klappen am tiefsten Punkt der Konstruktion, aber auch über die ohnehin notwendigen

5.6.11 *oben links*
Technik aus dem Gewächshausbau: Bei dieser großen Lüftungsanlage mit Zahnstangen erfolgt der Antrieb über eine Welle und einen Starkstrom-Motor.

5.6.12 *oben Mitte*
Dachflächenfenster mit Spindelheber.

5.6.13 *oben rechts*
Fenster und darunterliegende Zuluftklappen sorgen für die differenzierbare Zuluft.

5.6.14 *unten*
Schiebeläden ermöglichen eine gute Durchlüftung, je nach Wetter können die Pflanzen sogar „draußen" stehen. Die Lamellen können in der kälteren Jahreszeit geschlossen werden.
Foto: Fa. Meuvo

Fenster und Türen zum Haus in den Wintergarten geführt werden. Allerdings müssen diese gut verteilt und leicht zu handhaben sein. Weiter ist unbedingt darauf zu achten, wie differenziert Klappen oder Fenster zu öffnen sind. Denn je nach Wetterlage braucht man unterschiedlich viel Zuluft. Kippbare Fenster, Türen oder Lamellen bieten auch bei Kälte und gleichzeitig hoher Sonneneinstrahlung ausreichend Frischluft - allerdings unter Vermeidung unangenehmer Zugerscheinungen, wie sie eher bei Schiebetüren auftreten können.

Lüftungsklappen im Zuluftbereich lassen sich nur bedingt automatisieren. Meist stören die Antriebs- und Bedienungselemente die Benutzbarkeit des Wintergartens. Hier helfen nur zusätzlicher Handbetrieb oder abschließbare Lüftungsgitter.

Automatische Lüftung
Einfacher belüften läßt sich ein Wintergarten mit automatischen Luft(gebläse)anlagen. Sie können ungünstigen Bauformen entgegenwirken, und daher auch in klimatisch schwierigen Glashäusern für erträgliche Temperaturen sorgen. Türen und Fenster allerdings ersetzen solche Anlagen schon deshalb nicht, weil sich Wintergärten allein aus funktionalen Gründen nach außen hin öffnen lassen müssen.

Ausgelegt werden Anzahl und Größe der Lüftungsautomaten nach der erforderlichen Luftwechselrate eines Raumes. Diese errechnet sich aus dem Raumvolumen und der Sonneneinstrahlung und bestimmt die Luftmenge, die stündlich ausgetauscht werden muß, um erträgliche Raumtemperaturen zu erreichen. Die Rechnung ist denkbar einfach: Zunächst wird der Rauminhalt ermittelt. Dieser wird dann multipliziert mit der erforderlichen Luftwechslrate pro Stunde. Bei Innenverschattungen liegt sie etwa beim 20fachen des Rauminhalts. Eine Beispielrechnung könnte dann so aussehen: 45 cbm (Rauminhalt) x 20 (Luftwechselrate) = 900 cbm/h. Die automatische Lüftung muß demnach so dimensioniert sein, daß sie pro Stunde 900 Kubikmeter Luft austauschen kann. [42]

Systeme
Der Markt bietet für Wintergärten Achsial- und Radial(Walzen)lüfter an. Die Systeme bestehen in der Regel aus zwei Komponenten: einem Abluftgerät, das die Luft bewegt, und einem Zuluft"gerät", einer verschließbaren und automatisch mitgeführten Nachstromöffnung für kühlere Luft.

Die Lüftungssysteme unterscheiden sich im wesentlichen durch ihre Leistungsfähigkeit. Bei gleicher Dimensionierung muß also eine verschieden große Anzahl an Geräten eingesetzt werden. Diese gibt es in jeweils unterschiedlichen Ausführungen zum Einbau in die gängigen Profilsysteme. Zu beachten sind neben funktionalen Aspekten vor allem die Geräuschentwicklung und die Pflegeleichtigkeit der Geräte. Denn mit Verschmutzungen der Luftfilter muß gerechnet werden.

Automatische Gebläselüftungen bieten sich vor allem für Wintergärten an, die sich längere Zeit selbständig regulieren lassen müssen. Zu-

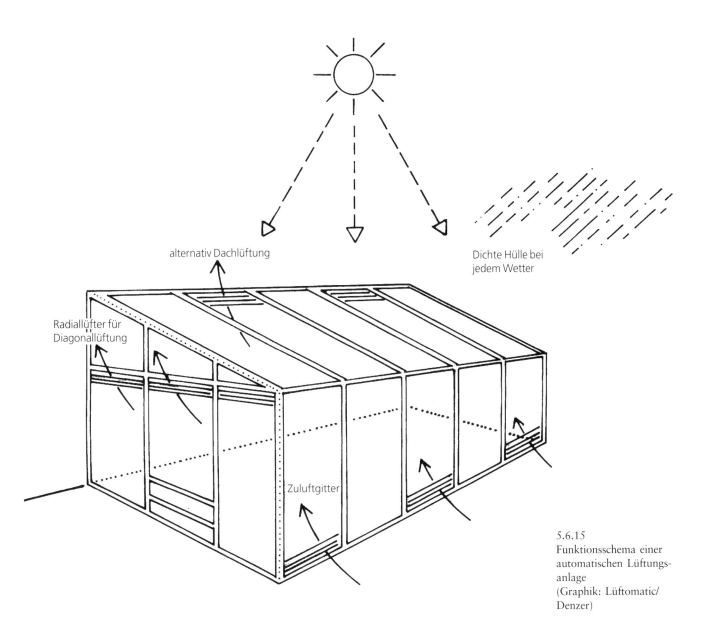

5.6.15
Funktionsschema einer automatischen Lüftungsanlage
(Graphik: Lüftomatic/Denzer)

5.6.16 *links*
Automatische Lüftungsanlage: Über einen Walzenlüfter wird die Abluft nach außen transportiert.
(Foto: Lüftomatic)

5.6.17 *rechts*
Automatische Lüftungsanlage: Nachströmöffnungen versorgen den Wintergarten mit Frischluft
(Foto: Lüftomatic)

dem schützen sie bei längerer Abwesenheit der Bewohner die Bepflanzungen vor Überhitzung.

Ein direkter Vergleich von Systemen ist schwer möglich, denn die jeweiligen Vor- und Nachteile lassen sich nur von Fall zu Fall gegeneinander abwägen. Auch Kostenschätzungen sind kaum hilfreich, denn bei jedem Wintergarten müssen Größe und Anzahl der Lüftungselemente, ihre Bedienung, Steuerungen und die Montage- und Wartungskosten systemabhängig ermittelt werden. Das gilt auch für die leidigen Vergleiche von automatischen Lüftungssystemen mit thermischen Lüftungsanlagen. Jeder Wintergartenbauer oder -bewohner sollte prüfen, mit welchen Mitteln die Nutzbarkeit seines Wintergartens am besten erreicht wird - Pragmatismus ist auch hier wichtiger als jede Doktrin.

5.6.4 Sonnenschutz

Kaum ein Wintergarten - vor allem keiner mit großflächiger Schrägverglasung - kommt ohne Beschattung aus. Schließlich werden in Wintergärten - bei geschlossenen Lüftungseinrichtungen - im Extremfall Temperaturen von über 70°C erreicht. [4] Mit Hilfe von Beschattungsanlagen können die Temperaturen im Wintergarten gesenkt, Pflanzen vor Verbrennungen und Menschen vor Blendungen geschützt werden.

Schon seit die ersten Glashäuser bewohnt werden, dauert die Diskussion, welche Art von Sonnenschutz wohl die effektivste sei: die innen- oder die außenliegende. Besonders Ende der achtziger Jahre wurden dazu einige wissenschaftliche Untersuchungen durchgeführt, die

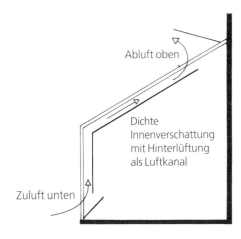

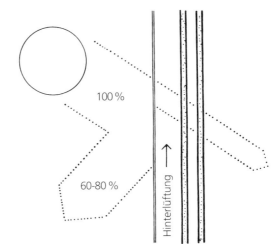

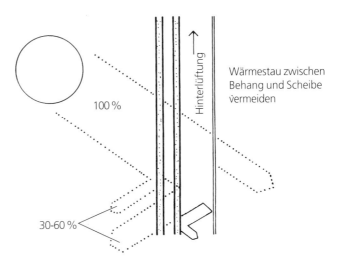

5.6.18 *links* Luftströmung bei einer gut funktionierenden Innenverschattung

5.6.19 *rechts* Wärmeabstrahlung und Hinterlüftung bei Außen- (oben) bzw. Innenverschattung (unten) [4]

nur scheinbar unterschiedliche Ergebnisse erbrachten, denn Methoden und Voraussetzungen waren nicht vergleichbar. Diese Ergebnisse werden je nach Produkt und Interessenlage auf dem Markt als Patentlösung entweder für inneren oder äußeren Sonnenschutz präsentiert.

Bei näherer Betrachtung stellt man allerdings fest, daß die Untersuchungen zu innen- und außenliegendem Sonnenschutz im Endeffekt zu ähnlichen Ergebnissen kommen. Das Ergebnis der ersten Messungen [43] [44] zeigt, daß bei ausreichender Belüftung eines Wintergartens - aber nur dann - eine Innenverschattung ebenso wirkungsvoll sein kann wie eine Außenverschattung. Allerdings muß der innere Sonnenschutz so angebracht werden, daß zwischen Glas und Gewebe ein Luftraum entsteht, der als „Kamin" wirken kann. Zu diesem Zweck muß dieser zum Wintergarten hin relativ dicht und direkt mit den Zu- und Abluftklappen verbunden sein (Abb. 5.6.18).

Andere Messungen eines Herstellers von Sonnenschutzsystemen ergaben, daß bei außenliegenden Verschattungen die Temperaturen im Glashaus wesentlich niedriger waren als bei innenliegenden. In diesem Fall gab es sogar nur geringe Unterschiede zwischen Innentemperatur und Außentemperatur. Zusätzlich brachte der äußere Sonnenschutz im Vergleich zum inneren eine Zeitverzögerung der Innenraumerwärmung um einige Stunden. Damit einzig die Einflüsse der Verschattungen ermittelt werden konnten, waren die Versuchswintergärten unbelüftet. [4] Bei beiden Untersuchungen - Innen- und Außensonnenschutz - sind funktionierende Lüftungen und die Abschottung des Innenraumes von der Sonneneinstrahlung notwendige Voraussetzungen um zufriedenstellende Ergebnisse zu erzielen.

In der Praxis sollten bei der Entscheidung für ein System neben den Untersuchungsergebnissen vor allem die Gegebenheiten vor Ort berücksichtigt werden. Langjährige Erfahrungen haben nämlich gezeigt, daß je nach Lage, Orientierung, Dachneigung, Einstrahlung und Benutzung Wintergärten auch völlig ohne Sonnenschutz auskommen können. Individuell betrachtet haben sich durchaus sowohl innenliegende als auch außenliegende Verschattungen bewährt (vgl. Kap 4.3).

Außenverschattung
Den wirkungsvollsten Schutz bieten in den meisten Fällen außenliegende Verschattungen, da nur sie die Sonnenstrahlen effektiv zurückhalten, und damit eine starke Raumerwärmung vermindern können. Je nach Einsatz, ob auf dem Dach oder in der Senkrechten, gibt es eine Reihe von Systemen. Für Glasdächer haben sich Markisen bewährt, die mit Hilfe von Aluminiumschienen über das Dach geführt werden.

Verwendung finden in der Regel wetterfeste Kunststoffgewebe und wartungsarme Bedienungselemente aus Aluminium. Diese beiden Bestandteile müssen stets im direkten Zusammenhang gesehen werden. Denn die Art des Stoffes, mit seinen optischen und mechanischen Qualitäten, verlangt eine abgestimmte Führungstechnik; beide zusammen bestimmen wiederum die möglichen Behangbreiten und -längen und damit auch, ob ein bestimmter Stoff für den jeweiligen Fall überhaupt eingesetzt werden kann.

Die Qualität einer Beschattung beruht jedoch nicht nur auf einem guten äußeren Sonnenschutz, sondern auch darauf, wie sie das Rauminnere beeinflußt. So sind die Farbe eines Stoffes und ihre Wirkung bei direkter Einstrahlung sehr bedeutsam für das Wohlbefinden hinter oder unter der Markise. Außerdem gibt es Kunststoffgewebe, sogenannte Screen-Stoffe, die von innen nach außen transparent sind und so den Sichtkontakt nach außen erhalten - eine nicht unerhebliche Komponente für das Behaglichkeitsempfinden im Wintergarten. Außen-

Praxis-Tip

Markisenstoffe und der Bedienungskomfort einer Verschattung sollten vor dem Kauf beim Händler sorgfältig auf ihre Eignung untersucht werden. Nicht selten erleben Bewohner nach der Montage böse Überraschungen. Die tatsächliche Geräuschentwicklung und die Wirkung der Farben sind oft unangenehm, hätten bei besserer Planung aber durchaus vermieden werden können.

5.6.20
Im ausgefahrenen Zustand verändert eine typische Außenverschattung wie diese das Erscheinungsbild des Hauses
(Foto: Fa. Meuvo)

5.6.21
Verschattungspotpourri. Das Bild bezeugt die Not der Bewohner, sich wirkungsvoll vor der Sonne zu schützen. Gute Lösung: Der Überstand schützt auch vor tiefstehender Sonne

5.6.22
Eine orginelle Lösung zur Verschattung, vom geschickten Selbstbauer hergestellt. Das Zelt vor dem Wintergarten - die Technik stammt aus dem Seglerbedarf - bietet zusätzlichen Schatten für Kinderspiele im Sandkasten. Montage und Demontage sind in jeweils zehn Minuten erledigt. Der Baum für spätere zusätzliche Beschattung ist schon gepflanzt.

5.6.23
Eine temporäre Verschattung durch Kletterpflanzen ist nur bei Einfachverglasungen empfehlenswert, da bei einer Teilverschattung des Isolierglases die Gefahr thermischer Brüche besteht. Die Raumqualitäten durch unterschiedlichen Schattenwurf und partiellen Ausblick durch die Pflanzen sind dagegen unschätzbar hoch.

5.6.24 und 5.6.25
Wintergarten im 1. OG

5.6.24:
Für diesen Wintergarten im ersten Obergeschoß, in den viel tiefstehende Sonne scheinen kann, wurde eine Senkrecht-Markisolette gewählt, die unten ausstellbar ist, allerdings in diesem Falle nicht störungsfrei funktioniert: Beschädigung des Behanges

5.6.25:
Innenansicht - viel Helligkeit und Ausblick trotz ausgefahrener Markisolette.

verschattungen sind sinnvollerweise nur elektrisch zu bedienen, eine Automatisierung ist absolut ratsam. Denn nur so ist ein rechtzeitiges Ausfahren bei Sonnenschein, und vor allem ein Schutz vor Regen und Gewitterböen jederzeit möglich (vgl. Kap. 5.6.5).

Eine Anmerkung für den kritischen Verbraucher: Besonders ärgerlich ist die Tatsache, daß viele Markisenstoffe aus Mischfasern mehrerer Kunststoffe bestehen. Ein Recycling ausgedienter Markisen ist daher, selbst wenn man es wollte, auf absehbare Zeit kaum möglich; sie landen auf dem Sondermüll.

Verschattungen auf dem Dach schützen meist nur vor der hochstehenden Sonne. Gegen tiefere Sonnenstände hilft entweder ein Überstand der Dachmarkise oder eine zusätzliche Beschattung der senkrechten Wände. Die Auswahl an Systemen und Stoffen ist in diesem Bereich etwas größer. Gerade hier spielt eine gewisse Transparenz eine wichtige Rolle, um die Behaglichkeit hinter der Verschattung zu erhöhen.

Innenverschattung
Innenliegende Sonnenschutzsysteme sind zur Klimatisierung von Wintergarten selten so effektiv wie Außenverschattungen. Sie bieten dennoch guten Blendschutz, dazu allerlei Möglichkeiten der Raumgestaltung und eine leichte Handhabung. Auch können Selbstbauer hier mit einfachen Mitteln preiswert für Sonnenschutz sorgen.

Die auf dem Markt angebotenen Stoffe und Systeme unterscheiden sich durch die Art der Materialien, ihre Verarbeitung, ihre Bedienungselemente und ihre besonderen Eigenschaften. Das fängt bei unterschiedlicher Transparenz an und geht über feuerhemmende Beschichtungen bis hin zu Alumiumbedampfung. Gerade die letzteren Gewebearten werben mit hoher Effektivität, da die Aluminiumschicht das einfallende Licht reflektieren soll, bevor (!) dieses sich in Wärme umwandeln kann. In der Praxis bildet sich jedoch schnell ein Wärmestau zwischen Glas und Behang, dieser wölbt sich daraufhin, was die Reflexion stark beeinträchtigt. Die Rechnung, daß solche innenliegenden, aluminiumbedampften Gewebe neben dem sommerlichen Sonnenschutz auch noch den winterlichen Wärmeschutz verbessern würden, geht nicht auf. Um effektiv Wärmeverluste zu veringern, sollte ein solcher Behang sehr dicht schließen. Bei einer Innenverschattung dagegen muß eine großzügige Hinterlüftung gewährleistet sein, um Hitzestau und mögliche Beeinträchtigungen der Isoliergläser zu vermeiden (vgl. Kap. 6).

Ein Problem bei allen Verschattungssystemen - innen wie außen - ist die gegenseitige Behinderung mit Lüftungselementen. Manchmal gibt es keine andere Lösung, als die Lüftungsklappen nicht zu beschatten.

Praxis-Tip

Wenn Unsicherheit darüber besteht, welche Art von Sonnenschutz für einen Wintergarten geeignet ist, können die Bewohner über ein oder zwei Sommer den tatsächlichen Sonnenverlauf, Temperaturspitzen und andere Erscheinungen beobachten. Die meisten Verschattungssysteme sind problemlos nachzurüsten. Geschickterweise sollten dafür notwendige Elektro-Installationen schon beim Bau vorgesehen werden.

5.6.26 links
Innenverschattung mit Schnurzügen. Eine gute Kombination: Durch die große Raumhöhe liegt die wärmste Zone weit oberhalb des Nutzbereiches. Hinzu kommt ein einfacher Behang, der sich mit Schnurzügen bedienen läßt und die Entlüftungsöffnungen freiläßt.

5.6.27 oben rechts
Diese hinterlüftete Innenverschattung stört nicht die Entlüftung, allerdings sind erhöhte Raumtemperaturen unvermeidbar.

5.6.28 unten rechts
Das Problem bei dieser Innenverschattung Marke Selbstbau: Spindelstange und Innenverschattung behindern sich in Funktion und Wirkung. (Foto: Fa. Meuvo)

5.6.5 Steuersysteme

Alle (thermischen) Lüftungs- und Beschattungssysteme mit elektrischem Antrieb können auch automatisch betrieben werden. Sinnvoll ist bei Lüftungsklappen die Kombination von temperaturabhängiger Öffnung mit einem vorgeschalteten Regenmelder, in Regionen mit starkem Wind auch mit Windmelder. Für „Gewächshäuser" ist zusätzlich ein Feuchtigkeitsfühler möglich. Dessen Einsatz muß allerdings sorgfältig geplant und in der Regel mit einer Zusatzheizung abgestimmt sein. Denn es kann schon einmal passieren, daß der Fühler im Winter trotz eisiger Kälte bei hoher Luftfeuchtigkeit auf „Lüftung" zeigt - so kommt es dann zu unerwünschter Abkühlung im Rauminneren.

Praxis-Tip

Durch die Kombination mit einem Raumthermostat, das dem Lichtfühler vorgeschaltet wird, ist es möglich, das Ausfahren des Sonnenschutzes zu verzögern: So kann die Sonne erst den Raum erwärmen, der nach Erreichen der gewünschten Raumtemperatur später beschattet wird.

Die Funktion der Solarzelle können unbedachte äußere Einflüsse wesentlich stören. Das hieß in einem konkreten Fall, daß der Sonnenschutz eines Wintergartens zwei Jahre gut funktionierte, aber im folgenden Jahr immer zu spät ausfuhr, es zu unerwünschten Erwärmungen kam, denen auch mit Veränderungen der Einstellung nicht beizukommen war. Die Lösung: ein nachgewachsener Ast verschattete den Lichtfühler.

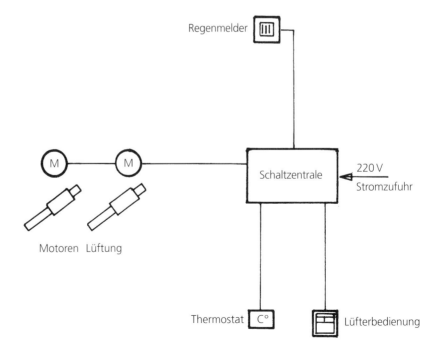

5.6.29
Schaltbild Lüftungssteuerung
(Graphik: pyro/Haupt)

5.6.30 *links oben*
Dieser Schaltschrank mit Einzelsteuerungen reagiert auf Temperatur, Regen und Wind.

5.6.31 *rechts*
Regen- und Windfühler für die Wintergartenlüftung. Der Standort auf dem Pfannendach des Wohnhauses ist wegen seiner Entfernung zum Wintergarten nicht optimal gewählt.

5.6.32 *links unten*
Moderne Steuerungen für den Sonnenschutz passen in eine Steckdose. Hier werden drei Verschattungen mit je einer Schaltautomatik versorgt, für den gemeinsamen Windfühler genügt eine Steuerung.

Außenliegende Sonnenschutzsysteme, vor allem Dachmarkisen sollten grundsätzlich automatisch funktionieren. Eine Solarzelle mißt dabei die Lichtintensität, so daß die Verschattung selbsttätig auf Sonnenschein reagieren kann. Die Schaltung ist einstellbar und vor Ort dem Sonnenverlauf anzupassen. Wichtig ist, den Standort der Solarzelle nahe beim Sonnenschutz zu wählen. Regen- und Windfühler verhindern bei aufziehenden Gewitterböen, daß die Markise zum Segel wird, und Schaden

Praxis-Tip

Für die technische Ausrüstung, für Bedienungselemente, Motoren und automatische Steuerungen sollten sich preisbewußte Bauherren und Anbieter in den Bereichen „Entrauchung" und „Gewächshausbau" umsehen. Dort sind eine Menge preisgünstiger und nützlicher Techniken zu finden, die im ambinionierten „Wintergarten-Bau" als hochwertiges Zubehör angeboten werden.

nimmt. Wird ein Sonnenschutz manuell bedient und dann „vergessen", kann das bei Regen schnell zu Feuchtschäden, Flecken und Schimmelbildung am Markisenstoff führen (vgl. Kap. 6.3).

Die technische Auslegung von Sonnenschutzsystemen verlangt pro Motor einer Verschattungsanlage eine Steuerung mit einer Sonnenautomatik. Müssen mehrere Motoren eingesetzt werden, etwa zwei Dachmarkisen und eine Senkrechtmarkise, braucht man also mehrere Steuereinheiten, die allerdings mit gemeinsamem Regen- und Windfühler ausgestattet werden können. Hier liegt ein Grund für die hohen Kosten von Außenverschattungen.

5.6.6 Beheizung: Zusätzliche Wärmequellen

Auch wenn ein Wintergarten nicht zur passiven Sonnenenergienutzung dient, so gilt doch grundsätzlich, daß ein Glashaus nur annähernd so viel Energie verbrauchen sollte, wie es einfangen kann. Ziel von Entwurf und Ausführung ist es also, so viel passive Sonnenenergie wie möglich zu gewinnen und dabei nur ein Minimum an Heizenergie zu verlieren (vgl. Kap. 2.3). Deshalb hängt die Frage, ob eine Zusatzheizung sinnvoll ist oder nicht, zuerst von der Nutzung und der wärmetechnischen Ausführung der Bauteile ab. Bei einem vollständig integrierten Wintergarten mit hochwärmegedämmten Umschließungsflächen - transparent und massiv - kann eine zusätzliche Beheizung eher sinnvoll sein als bei einem weit ausladenden Glashaus. Ein Wintergarten als Energiesystem oder als Pufferzone hingegen kommt grundsätzlich ohne Heizung aus.

Anders das Gewächshaus. Hier wird aufgrund der Bepflanzung häufig eine zusätzliche Wärmequelle benötigt, um den Raum im Winter auf einem bestimmten Temperaturniveau oder zumindest frostfrei zu halten.

Wenn der Gesamtentwurf eine Beheizung zuläßt, werden Art und Anzahl der Heizkörper wie in jedem anderen Raum ausgelegt und geplant. Sinnvoll sind Plattenheizkörper, die auf rasche Temperaturveränderungen und unterschiedliche Sonneneinstrahlung reagieren können und sich durch Außentemperaturfühler schnell regeln lassen. Fußbodenheizungen sind in Sonnenräumen thermisch nicht sinnvoll, außerdem verhindern sie die mögliche Wärmeaufnahme und -speicherung in massiven Fußböden. Auch im Winter kann es dann schon bei geringer Sonneneinstrahlung zu Überhitzungen kommen.

Für Gewächshäuser sind dezentrale Gebläseheizungen empfehlenswert, da sie die Luft und nicht Boden und Wurzelwerk erwärmen.

Praxis-Tip

Heizkörper sollten grundsätzlich nicht vor Wärmespeicherwänden aufgestellt werden, Fußbodenheizungen und passive Sonnenenergienutzung im Wintergarten sind nicht miteinander vereinbar. Zu Glasscheiben muß ein Mindestabstand von 30 Zentimetern eingehalten werden, da sonst ein thermischer Glasbruch vorprogrammiert ist. Die Erfahrung zeigt, daß es besser ist, eine Heizung von vornherein einzuplanen als später nachzurüsten. Wegen fehlender Installationen bleibt dann meist nur noch die Möglichkeit, einen energiefressenden Elektroheizstrahler anzubringen - gewiß die schlechteste aller Möglichkeiten.

5.6.33 *links*
Der Kamin signalisiert: Hier wird der Wintergarten als Wohnraum genutzt und beheizt.

5.6.34 *rechts oben*
Für den Kachelofen wurde eine Ecke des Wintergartens massiv ausgeführt.

5.6.35 *rechts unten*
Ein Wintergarten, der als offene Wohnraumerweiterung dient, benötigt eine Heizung (hier angebracht vor einem Brandschutz-Paneel)

6. Bauschäden und woran man sie erkennt

Die Ursachen für Bauschäden an Wintergärten sind so mannigfaltig wie die Schäden selbst: Planungsfehler, mangelhafte Konstruktion, falsche Nutzung durch die späteren Bewohner, aber auch das fehlende Berufsbild des „Wintergartenbauers" und immer noch zu wenig Erfahrung bei Planern und Handwerkern über die Komplexität der Bauaufgabe sind verantwortlich dafür, daß Glas bricht, Holz modert und Mauerwerk feucht wird.

6.1 Schadensanfälligkeit und Schadenshäufigkeit

Jeder Bauschaden deutet auf bestimmte Planungs- oder Ausführungsfehler hin, fast jeder Fehler zieht einen Schaden nach sich. Phänomene allerdings, die nur kurzzeitig und nur bei bestimmten Witterungsbedingungen auftreten wie z.B. Überhitzung, Zugluft oder hohe Luftfeuchtigkeit gelten nicht als Bauschäden im strengen Sinne. So ärgerlich sie sind und so sehr sie mitunter die Nutzbarkeit eines Wintergartens beeinträchtigen, die Bewohner werden mit ihnen leben müssen. Andererseits sind Überhitzungen und erhöhte Feuchtigkeit die Hauptursachen für schwerwiegende Schäden. Wie gravierend sich ein Mangel auswirkt, hängt also auch von der Intensität und Dauer der Einwirkungen ab.

Die meisten Bauschäden bei Wintergärten werden durch Überhitzung und hohen Feuchtigkeitsanfall in unterschiedlicher Form hervorgerufen. Das führt gerade bei Holzkonstruktionen zu Schäden im Tragwerk, von Schimmel bis zur Zerstörung von Bauteilen. Glasbruch, als häufigster Schaden, hat unterschiedliche Ursachen. Hauptursache sind mechanische Überbelastungen durch mangelhafte Glasauflagen, besonders im Dach, und unsachgemäße Glasbefestigungen. Meist werden die Glashalteleisten zu stramm angezogen, und es fehlen Abstandshalter (Schraubhülsen oder Leisten), die einen ungleichmäßigen Druck auf die Scheiben verhindern sollen. Solch „eingequetschten" Gläsern fehlt dann der nötige Raum für Bewegungen. Die thermischen Beeinträchtigungen durch Schlagschatten werden oft falsch oder zu gering eingeschätzt.

Auch der Schutz vor Feuchtigkeit stellt so manchen Wintergartenbauer vor Probleme, die gerne durch die Anwendung von Dichtstoffen jeglicher Art kaschiert werden oder indem ganze Dichtstoffpotpourris konstruktive Mängel vertuschen oder Wissenslücken ausfüllen sollen.

Wieviele Schäden in Wintergärten auftreten, ist kaum feststellbar. Bekannt werden nur die, die gemeldet und dann auch gerichtlich verhandelt werden. Da viele Streitfälle im Vergleich enden, kommen sie nicht an die Öffentlichkeit, bleiben Verschlußsache in den Privatakten. Zahlen liegen daher nicht vor.

Eine wichtige Ursache dafür, daß beim Bau von Wintergärten immer wieder konstruktive und ausführungstechnische Mängel entstehen, liegt darin, daß die traditionellen Handwerksberufe - Schlosser, Schreiner und Glaser - von ihrer Ausbildung her nicht mit der Komplexität des Systems Wintergarten vertraut sind. Zu unterschiedlich und vielschichtig sind die Anforderungen an Funktion und Konstruktion; vom Fundament bis zum Dach greifen beim Glashaus eine Vielzahl von Gewerken ineinander, die gut koordiniert sein müssen. Unbedingt notwendiges bauphysikalisches Wissen, Kenntnisse über Klimatechnik, eventuell sogar gärtnerische Erfahrungen überfordern so manchen Planer und Ausführenden. Andererseits würde der Einsatz vieler Fachleute bei einem so relativ kleinen Bauwerk wie einem Wintergarten die Kosten unverhältnismäßig in die Höhe treiben.

Die große Nachfrage nach Glashäusern bringt zudem immer neue Anbieter auf den Markt, die keine oder wenig Erfahrung mit Wintergärten haben. Ganz zu schweigen von den Anbietern, die nur eine schnelle Mark machen wollen und ohne jegliches fundiertes Wissen den Kunden das Blaue vom Himmel versprechen. Wünschenswert wäre eine Qualifizierung als gewerkübergreifender Wintergartenbauer, der alle Planungs- und Bauleistungen aus einer Hand anbietet.

Ein Komplettanbieter allein aber, von denen es auf dem Markt immer mehr gibt, garantiert noch keine Qualität. Mit kritischem Blick muß der Kunde also weiterhin selbst den für ihn geeigneten Wintergartenbauer auswählen.

6.2 Konstruktionsschäden

Ursachen und Schadensbilder sind für typische Planungs- und Baufehler ähnlich und daher vergleichbar. Dennoch muß jeder Schaden individuell betrachtet werden. Es können daher im folgenden nur Hinweise aus Erfahrungen weitergegeben werden, eine Gewähr für Richtigkeit im Einzelfall ist nicht möglich. Schwierig wird es, wenn unterschiedliche Einflüsse zusammenspielen. Aus den Schadensbildern muß auf die Ursachen geschlossen werden. Das sind in der Regel mehrere, und daher ist eine Fehlerbehebung oft nicht einfach. Das gilt gerade für schwerwiegende konstruktive Mängel, die nur durch größere Umbauten gelöst werden könnten. Das kann bis zum Abriß und Neubau des Wintergartens gehen.

Manche Schäden sind leider nicht unmittelbar zu erkennen. Langfristige Beeinträchtigungen durch Hitze und Feuchtigkeit können schleichende Schäden hervorrufen, die sich erst auf längere Zeit bemerkbar machen. So führt dauernde oder immer wiederkehrende Durchfeuchtung von Holzkonstruktionen zu Schimmel und Zerstörung der Bauteile. Auch die Verklebungen von Isolierglaseinheiten nehmen bei zu hoher Feuchtigkeit im Glasfalzraum Schaden, die Scheiben werden mit der Zeit

„blind". Das gleiche kann auch UV-Strahlung bewirken, wenn ihr der Randverbund des Isolierglases ungeschützt ausgesetzt ist. Ebenfalls zerstören längerwährende hohe Temperaturen von 60°C und mehr diesen sensiblen Bereich der Glaseinheiten. Andererseits können plötzlich auftretende Temperaturspitzen zu thermischen Überlastungen im Verglasungssystem führen, die dann die Scheiben direkt zerspringen lassen.

Die Fehlersuche und das Feststellen des Verursachers benötigen viel Mühe und Zeit. Das gilt besonders für undichte Glasdächer. Schon kleinste Unachtsamkeiten bei der Montage führen manchmal zu Leckagen, die kaum zu finden sind. Sie bleiben ein dauerndes Ärgernis, gerade auch dann, wenn sie nur bei bestimmten Wetterlagen auftreten. Je nach Wind und Wetter kann Wasser tatsächlich bergauf fließen.

6.2.1 Planungsfehler

Konstruktionsmängel entstehen meist durch Planungsfehler und mangelhafte Ausführungen. Dies bedeutet auch, daß im Schadensfall die Art der Fehler und damit der Schuldige nicht immer eindeutig festgestellt werden können. Schon bei der Konzeptionierung werden die Weichen für spätere Mängel gestellt. Vermischt man etwa die unterschiedlichen Nutzungsmöglichkeiten eines Glashauses und die daraus folgenden Anforderungen zu sehr, so wird die Konstruktion dies kaum ausgleichen oder bewältigen können. Wird also ein Gewächshaus zum Wohnraum oder umgekehrt, ändern sich Wärmebedarf, Feuchteanfall und die „Klimatechnik" für den späteren Betrieb.

Die Bauweise des Wintergartens bestimmt die benötigten Qualitäten der Bauteile, insbesondere des Glases, sowie die Auslegung von Lüftung- und Verschattungsvorrichtungen (Kap.2.3). Werden hier Fehler gemacht, rächt sich das im Laufe der Zeit durch eingeschränkte Nutzbarkeit und Bauschäden.

So neigen flach geneigte Dächer schnell zu Überhitzungen und stören zudem die natürliche Lüftung (siehe Kap. 2.1.3); unzugängliche Winkel und Ecken behindern die freie Luftströmung und begünstigen wiederum Wärmestau und Feuchteanfall. Planerische Mängel in Form und Dachneigung sowie eine mangelnde oder fehlerhafte thermische Trennung zwischen Wintergarten und Kernhaus können oft nur mit erhöhtem Aufwand an Technik gemindert oder ausgeglichen werden.

Aus diesem Zusammenhang erklärt sich, warum einige Schäden oder Mängel nur unzureichend behoben werden können. Mancher Schaden entsteht einfach nur aus Unbedachtheit oder aus zwar gut gemeintem, aber technisch mangelhaftem Gestaltungswillen. So kann einer hellen, „naturnahen" Holzlasur der notwendige UV-Schutz fehlen, während bei einer zu dunklen Farbe durch Überhitzung der Anstrichfilm aufreißt. Intensiv farbige oder dunkel eloxierte Verglasungsprofile übertragen, besonders in Verbindung mit schwarzen Dichtprofilen, bei starker Sonneneinstrahlung ihre Wärme direkt auf die Isolierglaseinheiten. Und bringen so den Randverbund in sonst vermeidbare Bewegung bis hin zu Glassprung.

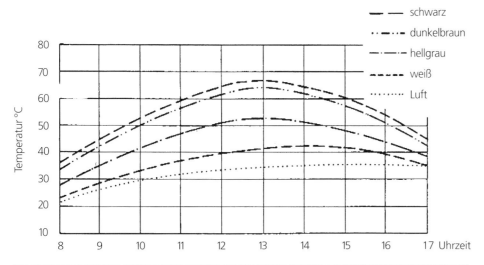

6.1.1
Maximale Oberflächentemperaturen von Aluminium, Holz und PVC.
(Graphik: Fa. Kömmerling)

Maximale Oberflächentemperatur von Alu. Holz und PVC				
Farbe	weiß	hellgrau	dunkelbraun	schwarz
Alu	45 °C	56 °C	75 °C	90 °C
PVC	44 °C	54 °C	66,5 °C	68 °C
Holz, deckender Anstrich	40 °C	61-64 °C	67 °C	77-80 °C

6.2.2 Ausführungsfehler

Wintergartenkonstruktionen müssen die Einflüsse aus sehr unterschiedlichen klimatischen und thermischen Zuständen aufnehmen können - und zwar allen Zuständen, die rein theoretisch auftreten könnten. Das bedeutet zum einen Schutz vor äußeren Witterungseinflüssen, Dichtigkeit gegen Regen, Schnee und Wind. Zum anderen muß die sichere Ableitung von Kondenswasser an der Innenseite von Glas und Tragwerk oder im Verglasungssystem nach außen gewährleistet sein.

Thermisch hochwertige Konstruktionen tragen außerdem dazu bei, den Tauwasseranfall zu begrenzen. Nicht jedes Profilsystem ist im Detail dahingehend optimal entwickelt. So gibt es Systeme auf dem Markt, die hinsichtlich thermischer Trennung und Kondenswasserableitung weniger geeignet sind. Auch werden gerade für thermisch anfällige Punkte nicht isolierglasgerechte Ausführungen angeboten. Der Einsatz solcher Profile führt in der Regel nicht gleich zum Schaden. Der kommt oft erst mit

6.2.1 *links*
Detail Traufpunkt: Beispielhafte Lösung eines Traufpunktes unter Erfüllung aller technischer Anforderungen.

6.2.2 *rechts*
Detail Traufpunkt: Typische Fehler am Traufpunkt, die zu Schäden führen.

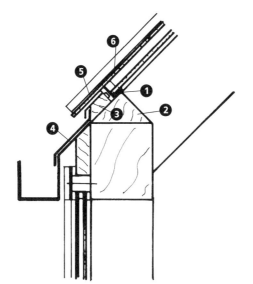

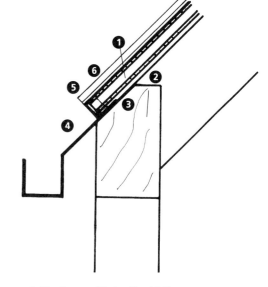

1 Glaseinstand 10-15 mm
2 Schräge für Kondenswasserablauf
3 Glasstützprofil
4 Befestigung Dachrinne außen
1/3/4 therm. Entkoppelung innen /außen
5 freier Wasserablauf durch Stufe
6 UV-Schutz, Isolierglas-Randverbund

1 Glas liegt auf (oder über) Rähm
2 kein Kondenswasserablauf --> Schimmel
3 fehlende Glashalterung oder nur ein Metallwinkel
4 Befestigung Dachrinne unter Scheibe
3/4 Kältebrücke mit Tauwasser - und Eisbildung, therm. Spannung im Glas --> Bruchgefahr
1/3/4 therm. Entkoppelung innen /außen fehlt
5 Regenwasser kann in Verglasung eindringen
6 fehlender UV-Schutz des Isolierglas-Randverbundes

der Zeit - dann ist die Gewährleistungsfrist meist jedoch schon abgelaufen. Der Hersteller oder Anwender bleibt bei einem solchen, nicht dem Stand der Technik entsprechenden System nur dann darüber hinaus schadenersatzpflichtig, wenn ihm ein versteckter Mangel nachgewiesen werden kann.

Problempunkt Nummer eins ist der Traufpunkt. Anhand eines häufig schlecht oder falsch ausgeführten Details, am Übergang aus der Schrägen in die Senkrechte, lassen sich die Wechselwirkungen zwischen Konstruktion, Funktion und Fehler gut erläutern (Abb. 6.2.1, 6.2.2). Häufig ist der Fehler zu beobachten, daß geneigte Dachscheiben weit auf dem Traufrähm aufliegen oder gar überstehen. Dadurch entstehen unweigerlich thermische Spannungen im Glas, die Bruchgefahr ist erheblich. Außerdem hat diese falsche Ausführung zur Folge, daß der Traufpunkt nur unzureichend gegen Wind und Kälte abgedichtet ist. Es entsteht eine Kältebrücke mit allen bekannten

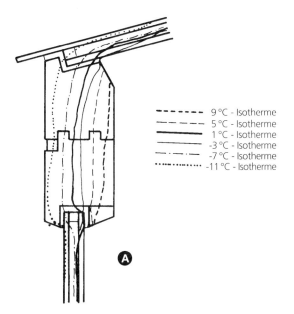

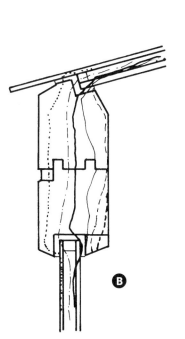

- - - - - 9 °C - Isotherme
– – – 5 °C - Isotherme
——— 1 °C - Isotherme
——— -3 °C - Isotherme
—·—·— -7 °C - Isotherme
·········· -11 °C - Isotherme

6.2.3 *links*
Isothermenverlauf bei unterschiedlicher Ausbildung des Traufpunktes. Bei A besteht die Gefahr von Glasbruch wegen zu großer Glasauflage.
Quelle: Institut für Fenstertechnik Rosenheim (ift)
(Graphik: ift/Denzer)

6.2.4 *rechts oben*
Glasauflage über dem Traufrähm; mangelhafte Winddichtung; freiliegender Randverbund.

6.2.5 *rechts unten*
Traufpunkt innen mit nachträglicher Silikonabdichtung, die das Eindringen von Kondenswasser vermeiden soll. Pech: Glasauflage aus EPDM und Silikon "vertragen" sich nicht, es kommt zu Weichmacher-Wanderungen...

6.2.6
Das Foto zeigt zwei Wintergärten. Das linke Ständerwerk hat eine Zangenkonstruktion, die die durchlaufenden Sparren hält und den Wintergarten aussteift. In den Sparren sind Aussparungen für die Dachrinne eingelassen. Dort staut sich Schnee, bedeckt im unteren Bereich die Dachscheiben. Dies führt zu thermischen Spannungen in der innenliegenden Scheibe der Isolierglaseinheit. Eindringende Feuchtigkeit schädigt den Randverbund des Isolierglases und das Traufrähm.

6.2.7 *links*
Weichholzleisten verbiegen sich und verrotten unter Einfluß der Witterung.

6.2.8 *rechts*
Nicht paßgenaue Leisten und ungünstige Anschlußpunkte führen mit der Zeit zu Feuchteeintritt und Durchzug. Dauerelastische Abdichtung der Fugen oft unzureichend.

negativen Auswirkungen: erhöhter Tauwasseranfall und in der Folge Schimmelbildung; sogar dünne Eisschichten wurden schon beobachtet.

Ebenso gefährdet ist der Traufpunkt von innen. Sobald die Konstruktion eine unzureichende Paßgenauigkeit aufweist, kann das Glasauflagegummi aus EPDM nicht mehr dicht schließen, Kondenswasser dringt in die Konstruktion ein. In der Not dichtet der unkundige Hand- oder Heimwerker die Fuge nachträglich mit Silikon ab, nicht wissend, daß sich Silikon und EPDM nicht vertragen. Es kommt zur Weichmacherwanderung, die die Struktur von EPDM zerstört, und die Fuge wird auf Dauer wieder undicht (vgl. Kap. 5.4).

6.2.9 *links oben*
Ein mangelhafter Anschlußpunkt zwischen Holzkonstruktion und Mauerwerk: Die Silikonfuge reißt.

6.2.11 *rechts oben*
Auf der Bitumensperrbahn zwischen Fundament und Schwelle sammelt sich Regenwasser

6.2.10 *unten*
Hier staut sich Kondenswasser am Glasstoß, zusätzlich zeigt die Verglasung Undichtigkeiten.

6.2.12
Mangelhafter Oberflächenschutz vor allem des Hirnholzes und Dauerberegnung führen bei Kiefernholz zu Blaufäule.

Die Verglasung mit Glashalteleisten (vgl. Kap. 5.3) bringt einen hohen Fugenanteil mit sich. Zu dünne, sich verwindende Metall-, Kunststoff- oder Holz-Glashalteleisten, mit nur wenigen Befestigungspunkten, führen schnell zu Durchzug und Feuchte im Glasfalz. Die Befestigung oder Auflage von geneigten Dachscheiben mit Halteleisten, wie schon beobachtet, ist allein aus statischen Gründen schon ungeeignet.

Bei einseitig innenliegenden Glashalteleisten im senkrechten Wandbereich, wie im Fensterbau üblich, kann Feuchtigkeit aus der Raumluft in den Falz eindringen, die dann als Kondensat dort stehenbleibt. Das Wasser zerstört auf Dauer die Konstruktion und die Isolierglasdichtung. Dieser Vorgang verstärkt sich bei zweiseitig - innen und außen - angebrachten Leisten. Bei manchen Konstruktionen fließt der Regen oben in den Glasfalz hinein und kommt unten wieder heraus.

Ähnliche Feuchteprobleme gibt es bei allen Anschlußfugen an angrenzenden Hauswänden, an Dachanschlüssen und an Schwellenhölzern. Die Vernachlässigung konstruktiver Maßnahmen in Verbindung mit nur bedingt geeigneten Verglasungssystemen hält kein Bauwerk lange aus.

Holz und seine Anfälligkeit
Die Vernachlässigung des konstruktiven Holzschutzes und mangelhafter Oberflächenschutz durch mangelhaften Anstrich oder schlampige Verarbeitung sind die häufigsten Ursachen für Holzschäden (vgl. Kap. 5.2.1).

6.2.13
Der unsachgemäße Gebrauch von Zinkstreifen als Glasbefestigung führt zu Verformungen durch Wärmeausdehnung. Die Kombination von Zink und Essigsäuresilikon bewirkt Oxydation und Verfärbung des Zink. Es bilden sich Schlieren und die Scheiben verschmutzen.

Waagrecht liegende Hölzer sind besonders gefährdet. Die Fachliteratur bietet hierzu eine Menge an Informationen. Daher sollen an dieser Stelle nur einige typische Fälle aufgezeigt werden.

Im Inneren eines Wintergartens beeinträchtigen Kondenswasser und undichte Verglasungen vor allem Quersprossen an Glasstößen. Draußen schädigen Schlagregen und Schnee freiliegendes Hirnholz, Wasserschenkel und Schwellenhölzer. Letzere sind zusätzlich durch aufsteigende Feuchtigkeit gefährdet. Bisweilen können die zu ihrem Schutz vorgesehene Bitumenpappen aber auch zu Wasserfallen für Regenwasser werden.

Mangelnder Oberflächenschutz führt zu Holzzerstörung oder zu Schimmelbefall, oft das erste Warnzeichen. Bei Kiefernholz zeigt sich dies durch Farbveränderung, die sogenannte Blaufäule. Diese Verfärbung ist zunächst nicht holzzerstörend. Doch bleibt sie auch nach Erneuerung des Holzschutzes bestehen.

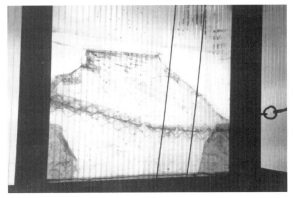

6.2.14 *links*
Bei dieser Dachverglasung wurden die Scheiben mit lackierten Vollholzprofilen befestigt, und mit Silikon abgedichtet. Durch Risse im Lack drang Regen in das Holz, das mit der Zeit durchfeuchtete und folglich verrottete.

6.2.15 *rechts oben*
Holzprofile sind zur Glasbefestigung und -abdichtung ungeeignet. Schon nach wenigen Jahren zeigen sich die ersten Verrottungserscheinungen im Schrägbereich.

6.2.16 *rechts unten*
Riß in Stegdreifachplatte, verursacht vermutlich durch thermische Überbelastung.

6.3 Gebrauchsschäden

Gebrauchsschäden entstehen durch die Fehlbedienung technischer Anlagen und durch den sorglosen Umgang mit Einrichtungen. So kann es bei der alltäglichen Nutzung von Wintergärten zu Teilverschattungen von Isolierglasscheiben kommen, die sich bei intensiver Sonnenstrahlung unterschiedlich aufheizen. Dies führt zu thermischen Spannungen, insbesondere bei beschichteten Isoliergläsern, und in der Folge zu Glasbruch. Ursache für partielle Überhitzungen im Material sind z.B. teilweise ausgefahrene Verschattungen (Markisen, Rollos) bei Außenscheiben. Aber auch Einrichtungsgegenstände, zum Beispiel dunkelfarbige Kissen oder Vorhänge, können die Innenscheiben von Isolierglaseinheiten stellenweise so stark aufheizen, daß sie zerspringen.

Mit etwas Aufmerksamkeit durch die Bewohner sind solche Schäden leicht vermeidbar. Problematisch hingegen können Änderungen in der Nutzung von Wintergärten werden, die die Bewohner im Laufe der Zeit vornehmen. Eine intensive Pflanzenhaltung, anfangs nicht vorgesehen und vorstellbar, bringt vermehrt Feuchtigkeit in den Wintergarten. Tauwasser, das auf Bauteilen stehenbleibt, belastet dann in erhöhtem Maße die Konstruktion. Verminderte Luftströmung in „toten" Winkeln hinter Bepflanzungen sowie unterdimensionierte Lüftungsvorrichtungen verschlechtern die Situation.

Veränderungen im sensiblen System Wintergarten sollten in jedem Fall mit Umsicht und Sorgfalt vorgenommen werden, um unerwünschte Effekte und letztendlich auch Schäden zu vermeiden. Allerdings spricht das keineswegs gegen Experimentierfreude im Umgang mit Pflanzen (vgl. Kap. 7) und das Testen neuer klimatischer Zustände im Glashaus.

6.3.2
Die Markise zeigt Wasser- und Schimmelflecken. Der Grund: Die Automatik war abgeschaltet und bei einsetzendem Regen war vergessen worden, sie von Hand wieder einzufahren.

6.3.3
Die Bepflanzung verhindert hier eine Belüftung der Holzkonstruktion, in der Folge kann anfallende Feuchtigkeit nicht entweichen.

Exkurs: Erkennen und Beurteilen von Sprungbildern

Durch langjährige Begutachtungen von Glasschäden konnten typische Merkmale für deren Ursachen aufgestellt werden. So gibt es unterschiedliche und klar erkennbare Sprungbilder für mechanische, thermische oder äußere Einwirkungen.

Die Sprungbilder 1 bis 7 (Abb 6.3.4) zeigen, daß Zwangkräfte innerhalb des Rahmens der Verglasung vorlagen, die zu Spannungen in der Scheibe führten. Diese können durch verschiedene Veglasungsfehler mechanischer Art verursacht sein, etwa durch Druck auf den Rahmen, Kontakt der Scheibe mit metallteilen oder Verklotzungsfehler (1 bis 5). Kennzeichen für Sprünge thermischen Ursprungs sind die Springbilder 6 und 7. Sie können ebenfalls durch Verglasungsfehler hervorgerufen werden. Aber auch Schlagschatten oder Einwirkung durch Gebrauchsfehler sind möglich.

Die Bruchbilder 8 bis 11 lassen eindeutig auf äußere Einwirkungen, wie Schlag oder Stoß auf die Scheibenfläche, als Schadensursache schließen.

6.3.1
Durch unsachgemäße Verglasung und zusätzlichen Hitzestau aufgrund einer innenliegenden Verschattung kommt es zu Glasbruch.
(Foto: O. Wallmüller)

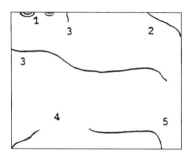 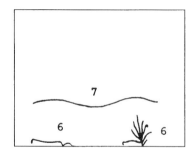

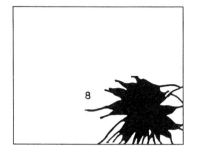 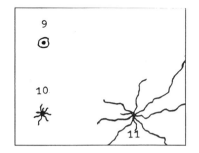

6.3.4
Erkennen und Beurteilen von Sprungbildern.
(Graphik: Gothaer Versicherung)

1. Ausmuschelungen der Scheibenkante
2. Ecksprung
3. Einlauf
4. Einlauf von der Scheibenecke ausgehend
5. Einlauf, vermutlich von der Klotzung ausgehend
6. Palmen und Büschelsprünge
7. Kratzer bzw. Schnitt auf der Glasoberfläche
8. Ein oder mehrere Scheibenbruchstücke sind herausgefallen
9. Loch mit Ausmuschelung
10. Spinne
11. Spinne mit weitergelaufenen Sprüngen

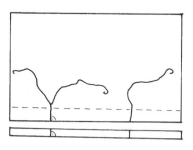

Typische Merkmale für Sprünge thermischen Ursprungs (Quelle O. Wallmüller):
- im rechten Winkel von der Scheibenkante ausgehender Sprung;
- Sprung teilt sich palmwedelförmig oder büschelförmig;
- Sprünge enden in kleinen Häkchen;
- der Sprungspiegel zeigt Newtonsche Ringe.

6.4 Gewährleistung und Versicherung

Nach der Verdingungsordnung für Bauleistungen (VOB) und dem Bürgerlichen Gesetzbuch (BGB) wird der Bauherr nach der Bauabnahme durch die Gewährleistungspflicht der bauausführenden Firmen vor den finanziellen Folgen der Bauschäden geschützt, die diese verursacht haben. Dieser Schutz währt nach VOB zwei und nach BGB fünf Jahre. Für den Privatkunden gilt in der Regel das BGB. Nicht zuletzt gibt es noch die Produkthaftung der Glashersteller für Mehrscheiben-Isolierglaseinheiten. Sie garantiert, daß diese Produkte über einen Zeitraum von fünf Jahren die ihnen zugesicherten Eigenschaften behalten, vorausgesetzt, die Einheiten sind vorschriftsmäßig eingebaut.

Im Schadensfall haften die Bauausführenden oder der Planer mit ihren Versicherungen. Allerdings muß zuvor die Schuldhaftigkeit festgestellt werden. Meist geht das nur mit Hilfe von Gutachtern und Gerichten. Ist ein Schadensverursacher außerhalb der Gewährleistung oder nicht mehr greifbar, zum Beispiel wegen eines Konkurses, kann es für den Bauherrn teuer werden. Bei Glasbruch ist er jedenfalls gut beraten, wenn er sein Wintergartenglas versichert hat. Denn der Glasversicherer leistet auch in diesen Fällen Ersatz.

6.5.1 Versicherungen: Gefahren und Deckung

Die vielfältigen Nutzungen eines Wintergartens, die Art der möglichen Schäden und ihre Versicherbarkeit führen oft zu Unsicherheiten über Maß und Notwendigkeit von Glasversicherungen. Daher muß zunächst geklärt werden, welche Schäden entstehen können und für welchen Fall man versichert sein will. Auch ist es ratsam zu prüfen, welche Versicherungen schon bestehen, ob Glasbruch enthalten ist, und wenn ja, ob alle Verglasungen am Gebäude und auch das Glasmobiliar enthalten sind. Im Laufe der letzten Jahre wurden die Versicherungsbedingungen zwar vereinfacht, doch gibt es aus alten Verträgen bisweilen ungünstige Versicherungsverhältnisse. Grundsätzlich gelten sowohl für den Neubau eines Hauses mit Wintergarten als auch für den Anbau an ein bestehendes Haus die gleichen Bedingungen für Mobiliar und Gebäudeteile. Allerdings gibt es Unterschiede in der Handhabung und dem Versicherungsumfang bei den einzelnen Versicherern. Dazu im folgenden ein Beitrag von Oskar Wallmüller, Sachverständiger für Glas am Bau und Branchenleiter Glasversicherung der Gothaer-Versicherung:

Glasbruchschäden aller Art an Verglasungen von Wintergärten durch Steinwurf, Unvorsichtigkeit, Vandalismus, Sturm jeder Windstärke, Schneedruck, Baumängel etc. können - unabhängig von der Gesamt- bzw. Einzelfläche der Gebäudeverglasungen des gesamten Hauses einschließlich Wintergarten - nur über eine sogenannte Haushalt-Glasversicherung nach den neuen Glasversicherungsbedingungen versichert werden. Denn die Gebäudeversicherungen deckten nur Glasschäden, die durch die Gefahren Feuer, Einbruch-Diebstahl, Leitungswasser, Sturm und Glasbruch verursacht wurden. Gebäudeverglasungen - und so auch Wintergartenverglasungen - galten nach den alten Hausratversicherungs-Bedingungen grundsätzlich als nicht versichert.

Es waren nur einfach verglaste Scheiben in Fenstern und Türen mitversichert, auch wenn es sich um Gebäudeverglasungen handelte, nicht jedoch Wintergartenverglasungen mit über drei Quadratmetern Gesamtglasfläche. Unter diese Ausschlußbestimmung fiel logischerweise jeder Wintergarten.

Seit 1984 deckt die Hausratversicherung nach den neuen Bedingungen (VHB 84) das Glasbruchrisiko überhaupt nicht mehr, so daß Glas-Versicherungsschutz sowohl für Gebäude- als auch für Mobiliarverglasungen nur noch durch die Haushaltglasversicherung zu erhalten ist.

Was ist bei einem Wintergarten im Hinblick auf das Einbruch- bzw. das Diebstahlrisiko und der Versicherung besonders zu beachten? Der Wintergarten wird als zusätzlicher Wohnraum genutzt und zählt daher - auch versicherungstechnisch - zu den Wohnräumen. Der Erwerber eines Wintergartens ist daher gut beraten, die Versicherungssumme seiner Hausratversicherung (wird abgeschlossen nach Wert des Hausrats und der Größe der Wohnfläche; Anm. d. Autoren) zu überprüfen und zu erhöhen, um insbesondere bei einem Einbruch nicht unterversichert zu sein. Dies gilt hauptsächlich dann, wenn er mit dem Versicherer die sogenannte Unterversicherungsverzicht-Klausel vereinbarte, die in Abhängigkeit einer bestimmten Versicherungssumme je Quadratmeter der vorhandenen Wohnfläche (einschließlich des Wintergartens) gilt. Da der Wintergarten ein Gebäudeteil ist, sollte auch die Gebäudeversicherung erhöht werden. Auch müssen die Türen und Fenster des Wintergartens bei Abwesenheit genauso sorgfältig geschlossen werden wie die der Wohnung beziehungsweise des Einfamilienhauses, um den Versicherungsschutz nicht zu gefährden.

Können die Dachfenster bei Abwesenheit mechanisch geschlossen und verriegelt werden, ist dies in Ordnung. Bei Fenstern mit automatischem Öffnungs- und Schließmechanismus gibt es jedoch Probleme, da ein Täter einen außen angebrachten Mechanismus am Kontaktgeber beeinflussen kann. Eine Wärmequelle am Geber - und die Fenster öffnen und schließen sich, und niemand weiß, wie der Täter in die Wohnräume gelangen konnte. Steigt ein Täter durch ein offenes Fenster ein und räumt er die Wohnung aus, besteht über die Einbruch-Diebstahlversicherung kein Versicherungsschutz.

Den Ausführungen Oskar Wallmüllers ist hinzuzufügen, daß nicht nur Besitzer, sondern auch Mieter eine Haushaltglasversicherung abschließen sollten. In den gebräuchlichen Mietverträgen wird die Verantwortung für Glasbruch an Fenstern, Türen und sonstigen Gebäudeverglasungen, also auch für großflächige Wintergärten, dem Mieter auferlegt. Da alle festeingebauten Glasflächen im Haus über die Haushaltglasversicherung abgedeckt werden, ist es nicht notwendig, eine spezielle „Wintergartenversicherung" abzuschließen, wie sie auf dem Markt angeboten wird. Bei Vergrößerung der Glasflächen durch Anbau eines Wintergartens muß lediglich die Prämie angepaßt werden.

Offenstehende Lüftungsklappen, ebenso wie jedes andere Fenster, gelten bei Einbruch als grobe Fahrlässigkeit des Versicherungsnehmers. Die Leistungspflicht des Versicherers kann dadurch gemindert werden oder sogar komplett entfallen. Allerdings sollte im Einzelfall das Einbruchsrisiko von den baulichen Gegebenheiten her beurteilt werden. In der Regel wird es einfacher sein, das Schloß einer Tür aufzubrechen, als über ein Glasdach in ein Haus einzusteigen. Kontaktgeber für automatisch gesteuerte Lüftungklappen, die das Öffnen bei Wärme lenken, sollten gemäß ihrer Funktion ohnehin immer im Rauminnern liegen.

Eine Haushaltglasversicherung tritt nach Bezugsfertigkeit des Wintergartens in Kraft. Sie bietet dem Bauherrn als Versicherungsnehmer in gewisser Weise „Rechtshilfe" im Schadensfall. Denn es ist Aufgabe des Versicherers, den Verursacher und die Schadenersatzpflicht - und eben auch die eigene - zu klären. Wie schon erwähnt, gewährt diese Versicherung gerade auch nach Ablauf der Gewährleistung und bei Konkurs des Wintergartenbauers Schutz für alle Glasbruchschäden.

Während der Bauzeit kann ein Bauherr eine Bauwesenversicherung abschließen, um Glasbruch auf der Baustelle abzusichern. Das ist allerdings nur möglich, wenn komplett neu gebaut wird, der nachträgliche Anbau eines Wintergartens kann nicht durch eine Bauwesenversicherung geschützt werden.

7. Pflanzen im Glashaus

Schon der Name ist Programm: Ohne Pflanzen ist ein Wintergarten in den Augen der meisten Bewohner nur die Hälfte wert. Auch wenn es viele ahnen mögen, die wenigsten wissen, daß nicht in jedem Wintergarten alles gedeihen kann. Die Bepflanzung von Glashäusern ist abhängig vom Glashaustyp, der angestrebten und insbesondere der tatsächlichen Nutzung. Denn Pflanzen sind lebende Organismen, die auf Gedeih - und Verderb - den Bedingungen ihres Umfeldes ausgeliefert sind. Möchte man bestimmte Pflanzen züchten, muß man das Glashaus in Art und Technik gemäß ihren Bedürfnissen auslegen. Im Regelfall jedoch ist es umgekehrt: die Bepflanzung muß den Gegebenheiten angepaßt werden. In jedem Fall empfiehlt

7.0.1 und 7.0.2 Anspruch und Wirklichkeit klaffen auch beim Wintergarten häufig auseinander.
(Foto 7.0.2: A. Röder)

es sich, einen erfahrenen Gärtner um Rat zu fragen, gerade dann, wenn es um größere Bepflanzungen geht. Wer Zeitaufwand und Kosten nicht scheut, kann natürlich auch selbst experimentieren und ausprobieren, welche Pflanzen wie und an welchem Standort am besten gedeihen.

Ob in Eigenregie oder mit Hilfe eines Experten, bei der Pflanzenauswahl sollten Wintergartenbesitzer nicht nur die Gegebenheiten des Glashauses bedenken. Mindestens ebenso wichtig ist die Frage, wieviel Mühe, Zeit und nicht zuletzt Geld man selbst in eine Glashaus-Bepflanzung stecken möchte. Sehr empfindliche, pflegeintensive und dazu noch recht teure Gewächse sind nur etwas für passionierte Hobby-Gärtner. Wer weniger investieren möchte, kann auf eine Fülle von Alternativen zurückgreifen.

Auch wenn eine Vielfalt von Wintergarten-Bepflanzungen möglich sind und diese nur ganz individuell geplant und ausgeführt werden können, so sind dennoch einige grundsätzliche Überlegungen zu Planung und Pflege an dieser Stelle möglich und sinnvoll.

7.1 Kleine Gewächshaus-Typologie

Weniger aufgrund funktionaler Aspekte, wie in Kap. 3 beschrieben, sondern wegen der jeweiligen klimatischen Bedingungen werden in Bezug auf Bepflanzungen Gewächshäuser unterschieden in
- ungeheiztes Gewächshaus
- frostfreies Gewächshaus
- ständig warmes Gewächshaus (Durchschnittstemperatur im Winter zwischen 10 und 15°C) [1], [6], [45]

7.1.1 Das ungeheizte Gewächshaus

In Pufferzonen oder überglasten Innenhöfen sind die Temperaturen über das Jahr gesehen sehr unterschiedlich. Das für die Bepflanzung wichtigste Kriterium ist, daß die Standorte nicht unbedingt frostfrei sind. Zur Bepflanzung eignen sich daher nur winterharte einheimische Gehölze oder auch einige Bambusarten.

Mit Einschränkung geeignet sind relativ kälteunempfindliche ostasiatische und mediterrane Gehölze wie Feige, Olive oder Lorbeer, wobei besonders bei Lorbeer Vorsicht geboten ist, da er leicht anfällig für Schädlingsbefall ist.

7.1.2 Das (gerade) frostfreie Gewächshaus

Für Gewächshäuser, in denen die Temperaturen im Winter nur kurzfristig einmal unter den Gefrierpunkt und dann maximal auf -5°C absinken, eignen sich besonders die oben aufgeführten mediterranen Pflanzen, aber auch Zitrusgewächse, fruchttragend oder als Ziersorten.

Ebenso problemlos, allerdings nicht ganz billig, ist die Trockensteppenbepflanzung mit Gewächsen aus dem Süden der USA und Nordmexiko, etwa Palmen wie die Yucca und Sukkulenten. Sie bedürfen keiner aufwendigen Pflege und verkraften im Sommer auch einen kurzen Hitzestau ohne weiteres.

Pflegeintensiv, dabei aber recht problemlos sind die sehr teuren Australpflanzungen aus Australien, Südafrika und Südamerika, wie z.B. Eucalyptus und einige Akazienarten. Besonders wichtig für die Pflege: Sie dürfen auf keinen Fall naß stehen.

Wo das Glashaus zwar kalt, aber sicher frostfrei bleibt, bieten sich Pflanzen aus tropischen Hochlagen an, z.B. Nachtschattengewächse wie Stechapfel und Passionsblumen. Beliebt ist ihre Blütenfülle, ihr günstiger Preis und die Tatsache, daß sie das Glashaus schon nach einer einzigen Vegetationsperiode in einen dichten Garten verwandeln. Ihr Nachteil: Schon nach einem Jahr ist der Pflegeaufwand durch Schneiden und Pflanzenschutz groß.

7.1.3 Das ständig warme Gewächshaus

Im durchgehend warmen Gewächshaus müssen die Mindesttemperaturen auch im Winter immer über + 10°C liegen. Wo dies - meist nur über eine zusätzliche Heizquelle - erreicht wird, ist die Auswahl an Bepflanzungen groß.

Im ständig warmen Gewächshaus gedeihen Pflanzen vor allem tropischen Ursprungs, die durchgehend gleichbleibende klimatische Bedingungen fordern. Als Leitpflanze z.B. eignet sich die sehr schnell wachsende Banane, dazu sind unterschiedliche Pflanzbilder möglich: die großblumige Bougainvillea etwa oder die Wasserpflanze Papyrus. Besonders wichtig an diesen Standorten ist eine ausreichende Verschattung des Glashauses. Denn Tropenpflanzen stammen oft aus dem Unterholz der Urwälder, wo bei sehr hoher Luftfeuchte eine wesentlich geringere Einstrahlung als hierzulande unter einem Glasdach herrscht. Fast alle tropischen Pflanzen vertragen zudem nur geringe Temperatur- und Belichtungsschwankungen.

7.2 Pflanzenauswahl

Die Auswahl der Pflanzenarten erfolgt zunächst nach dem jeweiligen Glashaus-Typ. Weiterhin sollten noch folgende Faktoren berücksichtigt werden:
- Standort: wie groß ist das Lichtangebot und welche Temperaturen können auftreten? Gibt es unterschiedliche „Kleinklimata" im Gewächshaus, etwa vor massiven Wänden oder in weitausladenden verglasten Ecken?
- Qualität des Gießwassers: welchen Härtegrad hat das Wasser, wie hoch ist sein Kalkgehalt? (Zitruspflanzen z.B. vertragen keinen Kalk.)
- Pflegeaufwand: wieviel Zeit wollen die Bewohner - täglich - für ihre Pflanzen aufbringen?
- Kosten: wie hoch ist das Budget der Bauherren? Achtung: Auch Folgekosten, etwa durch mißglückte Pflanzversuche und später zu erwartenden höheren Pflegeaufwand, sind zu bedenken.

7.2.1 Welche Pflanzen sich eignen

Im Prinzip eignen sich Pflanzen aus allen Regionen der Welt für ein Glashaus: sowohl einheimische wie mediterrane, asiatische wie australische oder südamerikanische. Letztlich

7.2.1 *links*
Kübelpflanze in ein Pflanzbeet integriert.

7.2.2 *rechts*
Bodendecker- und Strauchpflanze in einem Pflanzbeet mit direktem Erdkontakt.

Praxis-Tip

Pflanzen in Kübel statt in Beete zu setzen hat große Vorteile. Erstens können Kübelpflanzen leicht umgestellt werden. Das hilft, verschiedene Standorte im Glashaus auf ihre Eignung hin zu testen.
Außerdem kann jede einzelne Pflanze ihren unterschiedlichen Bedürfnissen gemäß individuell gepflegt werden. Das betrifft besonders den Wasserbedarf. Denn erfahrungsgemäß gehen mehr Pflanzen an zu ausgiebigem als zu wenigem Gießen zugrunde. Wo eine Pflanze mehr Wasser bekommt, als sie braucht, werden die Wurzeln irreparabel geschädigt - sie verfaulen. Dann hilft auch kein Gießen mehr, denn das Wurzelwerk kann kein Wasser mehr aufnehmen. Daraus ergibt sich dann die paradoxe Situation, daß die Pflanze vertrocknet, obwohl sie ständig Wasser bekommt. Wichtig sind daher eine funktionierende Drainage und geeignete Kübel. Tongefäße sind generell Plastikbehältern vorzuziehen. Vorsicht: dunkle freistehende Kübel heizen sich stark auf und trocknen in der Folge die Pflanzenerde aus.

entscheidend sind der Anspruch und die Wünsche der Nutzer: Die einen holen sich mit Exotik und tropischem Zauber ein Stück Fernweh ins Glashaus, anderen ist der heimische Ginsterstrauch sympathischer.

Unabhängig aber davon, was bei der Wahl am Ende den Auschlag gibt, die Herkunft der Pflanze, die notwendigen Kulturbedingungen und der bereits angesprochene Pflegeaufwand sollten in jedem Fall bedacht werden.

Wichtig für alle Pflanzen ist, daß ihnen ausreichend Zeit zum Wachsen bleibt. Denn je langsamer das Wachstum vonstatten geht, desto kräftiger ist die Pflanze und desto geringer ihre Anfälligkeit für Krankheiten. Das gilt nicht erst für die Zeit des Auspflanzens im Glashaus, sondern ist bereits ein Qualitätsmerkmal beim Kauf in der Gärtnerei. Was die wenigsten wissen: von vielen Pflanzenarten gibt es auch langsam wachsende Sorten, etwa den Zwergoleander. Diese sind allerdings durchweg teurer als die schnellwachsenden Sorten, da sie nur eine kurze Kulturzeit beim Gärtner verbringen. Palmen dagegen wachsen von Natur aus schnell, daher sind sie preiswerter als die meisten anderen Bäume. Doch auch bei diesen gibt es Unterschiede: Die Olive etwa wächst ausgesprochen langsam, während die Feige ein Schnellwüchser ist. Übrigens: Die meisten Pflanzen müssen geschnitten werden, Zaghaftigkeit beim Rückschnitt schadet meist mehr, als sie nützt.

Entscheidendes Kriterium für die Auswahl sollte schließlich die Eignung der Pflanze für die jeweilige Umgebung sein. Denn die Schaffung angemessener Pflanzbedingungen ist die Voraussetzung für einen pflegeleichten Betrieb und der beste, weil natürliche Pflanzenschutz. Weiter hilft zudem die Beachtung von „Pflanzhierarchien" bei der Pflege. Große Pflanzen etwa spenden kleineren Schatten und schützen diese so vor Hitze, Bodendecker wiederum schützen den Boden usnd Pflanzen vor Austrocknung.

7.2.3
Zimmerpflanzen in einem Wintergarten nehmen nur dann nicht Schaden, wenn er - wie hier - beheizt ist.

7.2.2 Vorsicht Zimmerpflanzen

Die meisten herkömmlichen Zimmerpflanzen sind tropischer Herkunft, sollten aber nicht mit Gewächshauspflanzen verwechselt werden. Der wichtigste Unterschied: Gewächshauspflanzen werden unter ihnen gemäßen Bedingungen großgezogen, Zimmerpflanzen hingegen sind oft in küzester Zeit hochgezüchtet. Daher halten sie die klimatischen Schwankungen im Glashaus nur schwer aus und gehen meist schon nach kurzer Zeit ein. Aus diesem Grund sind sie überdies recht anfällig für Schädlinge. Zimmerpflanzen, die jahrelang im Haus gestanden haben, schadet der Standortwechsel in den Wintergarten meist nur dann nicht, wenn dieser als vollwertiger Wohnraum genutzt und beheizt wird.

Allerdings sollten Zimmerpflanzen nicht mit ausgesprochenen Gewächshaus-Pflanzen gemischt werden, um Übertragungen von Krankheiten zu vermeiden.

Wintergarten-Pflanzen im Überblick

Im frosthartenn Wintergarten gedeihen nur die Pflanzen, die auch im Garten die kalte Jahreszeit überstehen würden. In frostgeschützten Glashäusern können auch empfindlichere Gewächse gepflanzt werden. Folgende Pflanzen benötigen Temperaturen von mindestens + 5°C (kurzzeitiger Frost möglich):

Agave, Akazie (Mimose), Bambus, Bleiwurz, Bougainvillea, Bubikopf, Canna, Engelstrompete, Erdbeerbaum, Eukalyptus, Feigenkaktus, Feige, Flaschenputzer, Fuchsie, Geldbaum, Hibiskus, japanische Wollmispel, Kakipflaume, Kamelie, Lorbeer, Oleander, Passionsblume, Pelargonie (Geranie), Rosmarin, Schönmalve, Silbereiche, Simse, Wandelröschen, Wien, Yucca, Zimmerlinde, Zitrusgewächse.

7.3 Pflege und Pflanzenschutz

Bei der Auswahl der Bepflanzung sollte unbedingt der Pflegeaufwand in die Entscheidung mit einbezogen werden. Er ist zunächst von der Art der Pflanze abhängig - so sind blühende Pflanzen durchweg pflegeintensiver als nichtblühende. Blühende Pflanzen müssen regelmäßig gedüngt werden, damit sie die entsprechende farbige Pracht entfalten. Zusätzlich sollten welke Blüten, Laub und Schmutz stets beseitigt werden. Grünpflanzen hingegen sind in der Regel genügsamer und vertragen auch schon einmal Phasen geringerer Aufmerksamkeit.

Schließlich sollte sich jeder Hobby-Gärtner selbst am besten einschätzen können. Wer ein eher ungeduldiger und nachlässiger Typ ist, wer schon einmal das Gießen oder Schneiden vergißt oder wer oft unterwegs ist, der sollte sich nicht mit aufwendig zu pflegenden Pflanzen belasten.

7.3.1
Pflanzen wachsen, wie man sieht - sie lugen hier schon aus den First-Lüftungsklappen hervor.

7.3.2
Im einfach verglasten Hofraum sorgen Gasheizstrahler für den Frostschutz. Ein Problem allerdings gibt es dabei: die Palmenspitzen verbrennen leicht.

7.3.1 Glashaus-Pflanzen im Winter

Widersprüche zwischen den Ansprüchen der Bewohner auf ein ständig nutzbares Glashaus und den Lebensrythmen der Pflanzen treten besonders im Winter auf. Viele Pflanzen brauchen einmal im Jahr eine Ruhephase mit geringer Lichtintensität und niedrigen Temperaturen - sowohl in der Luft wie auch im Wurzelbereich. Zum Austrieb und für den Blütenansatz sind niedrige Temperaturen notwendig. Ist es bis in den Winter hinein warm, verlängert sich also die normale Blütenzeit deutlich, doch erschöpft sich die Pflanze und blüht im nächsten Jahr vielleicht gar nicht. Die Folge: Aus einer blühenden wird eine immergrüne Pflanze. Niedrige Temperaturen im Erdreich schließlich sind besonders für blühende Pflanzen notwendig, damit sie besser Dünger aufnehmen können. Wie wichtig die Abkühlung ist, zeigt das Beispiel der Orange, die ihre typische Farbe erst bei Temperaturen unter + 10°C erhält.

Die schwierigste Zeit des Jahres sind für Pflanzen im Glashaus die Monate Januar und Februar. Dann nämlich kann es bei starker Sonneneinstrahlung zu erheblichen Temperaturerhöhungen im sonst kühlen Glashaus kommen. Das läßt die Pflanzen zu früh sprießen; wird es danach wieder kälter, erfrieren die Ansätze, es gibt keine Blüten. Bei hohen Temperaturen muß auch mehr gegossen werden; wenn dann in kurzer Zeit die Temperaturen wieder sinken, kann dies wiederum sehr schnell zu Schäden durch Wasserstau im Wurzelbereich führen.

Gerade zur Überwinterung von Tropenpflanzen scheint das Glashaus auf den ersten Blick geeignet zu sein. Doch der Eindruck trügt: Tropische Gewächse sind besonders empfindlich gegen den ständigen Wechsel von Wärme, Kälte und Feuchtigkeit, wie er im Wintergarten nicht ausbleibt.

Gehen Kübel- oder Wintergartenpflanzen im Winterhalbjahr, besonders im frühen Frühjahr, ein, so liegt dies allerdings oft weniger am ungeeigneten Standort als vielmehr an der falschen Behandlung des Austriebes. Denn besonders im Winter wollen Pflanzen vor hohen Temperaturen und zuviel Licht geschützt sein. Deshalb sollte das Glashaus auch im Winter ausreichend gelüftet und verschattet werden - selbst wenn dadurch Energie verloren geht.

7.3.2 Pflanzenschutz im Gewächshaus

In jedem Gewächshaus treten Insekten und Pilze auf, die mehr oder weniger schädlich für Pflanzen sind. Ihre eigene Widerstandsfähigkeit ist also ebenso wichtig wie vorbeugender Pflanzenschutz durch die richtige Pflanzenauswahl. Selbst dann aber kann es vorkommen, daß Wintergarten-Pflanzen von Schädlingen befallen werden.

Da in künstlichen Welten wie im Gewächshaus keine natürlichen Wetterbedingungen, Wachstums-Rhythmen und klimatische Wechsel auftreten, können Schädlinge kaum auf natürliche Weise ausgeschaltet werden. Nach dem Standpunkt vieler Gärtner ist daher ein prophylaktischer chemischer Pflanzenschutz durch ein- bis zweimaliges Spritzen im Jahr notwendig, will man nicht den Verlust der einen oder anderen Pflanze hinnehmen. Andererseits gibt es auch positive Erfahrungen mit biologischen Methoden.

Praxis-Tip

Temperaturfühler an den wichtigsten Punkten im Glashaus erleichtern die Pflege. Die beiden entscheidenden Meßwerte sind die niedrigste Bodentemperatur im kältesten Glashausbereich im Winter und die höchste Lufttemperatur am First im Sommer. Ungünstig montierte Fühler verzerren die Situation, was negative Auswirkungen durch nicht gemessenen Frost oder Überhitzung nach sich ziehen kann. Zudem sollten die unterschiedlichen - mitunter extremen - Kleinklimata vor Speicherwänden oder in ausladenden Gebäudeecken beachtet werden.

Bei Befall ist es immer sinnvoll, fachlichen Rat einzuholen, um gezielt gegen Schädlinge vorzugehen.

Der erfahrene Gärtner kennt den Wirkungsbereich und die Dosierung spezieller Mittel, deren Einsatz besser ist als die Verwendung von Universal-Produkten, wie sie der Handel für Hobby-Gärtner anbietet. Da solche Breitband-Präparate gleich gegen alle möglichen Schädlinge wirken sollen, werden sie mit meist recht hohen Giftmengen ausgestattet. Die Schadstoff-Belastung ist deshalb höher als beim Einsatz eines Spezialpräparats durch den Gärtnermeister.

7.4 Klima im Gewächshaus

Pflanzen verändern das Kleinklima auf vielfältige Weise. Sie wandeln Kohlendioxid in Sauerstoff um, erhöhen die relative Luftfeuchte und binden Staub. Dies wirkt sich auch auf die Luftqualität im Kernhaus aus. Für einige wenige Beispiele gibt es bereits Untersuchungen über die spezifischen Luftqualitäten in bepflanzten Wintergärten und angrenzenden Wohnräumen. Dabei wurden bezüglich der Sauerstoff- und Kohlendioxidkonzentrationen beim Luftaustausch zwischen Glashaus und Kernhaus keine ungünstigen Auswirkungen auf die Bewohner festgestellt.

In sehr begrenztem Rahmen kann ein Glashaus als „grüner Wärmetauscher" mit Abluftwärmerückgewinnung funktionieren. Allerdings muß dabei bedacht werden, daß es durch die relativ feuchte Luft aus dem Gewächshaus in Wohnräumen zu Kondenswasserproblemen kommen kann. [16]

Zeitweise werden im Glashaus auch von den Bepflanzungen ausgehende Gerüche festgestellt, die in ihrer Intensität für die anschließenden Räume nicht immer akzeptabel sind. Dies ist abhängig von der Pflanzkultur, der Bewässerung und auftretenden Wasserverdunstung. Dem kann durch entsprechendes Lüftungsverhalten entgegengewirkt werden, was allerdings dann vielleicht wiederum mit energetischen Aspekten kollidiert.

Auf das Wohlbefinden der Bewohner wirkt sich die höhere Luftfeuchtigkeit im Glashaus im allgemeinen positiv aus, obwohl im Vergleich zu anderen Wohnräumen im feuchten Pflanzbereich (Erde!) Schimmelsporen häufiger auftreten. Daraus folgende Gesundheitsbeeinträchtigungen sind jedoch bislang nicht bekannt geworden.

7.4.1 Lüftung und Verschattung

Pflanzen brauchen für ihr Gedeihen einen möglichst großer Luftraum (vgl. Kap. 5.6.2). Um Hitzestaus zu vermeiden, müssen ausreichend groß dimensionierte Lüftungseinrichtungen vorgesehen werden, die eine ständige Frischluftzufuhr sicherstellen und bei starker Sonneneinstrahlung vor Überhitzung schützen. Reine Glas-Gewächshäuser können deshalb gar nicht zuviel Lüftungsklappen haben. Die Faustregel aus dem Erwerbspflanzenbau gilt auch für Hobby-Gärtner im Wintergarten: 20 % der gesamten Glasfläche sollten zu öffnen sein. [8]

Sie gewährleisten die freie Luftströmung in allen Bereichen des Glashauses. Wichtig dabei: Allzu große Zugerscheinungen sollten vor allem im Winter vermieden werden. Allerdings gilt generell: einen Luftzug vertragen Pflanzen allemal besser als einen Hitzestau.

Neben Lüftungsklappen helfen auch Verschattungen, die Temperaturen im Gewächshaus zu senken. Sie sind besonders dann wichtig, wenn die Lüftungsöffnungen zu klein dimensioniert wurden, ersetzen aber können sie die Lüftung nicht. Verschattungsvorrichtungen schützen die Blätter der Pflanzen vor zu hohen Oberflächentemperaturen und Verbrennungen durch direktes Sonnenlicht.

Lüftungs- und Verschattungsvorrichtungen müssen gemeinsam dafür sorgen, daß im Sommer die maximale Lufttemperatur im Glashaus nicht wesentlich über der Außentemperatur liegt.

7.4.2 Sonstige Ausstattungen

Lüftungsklappen und Verschattungsvorrichtungen gehören in jedem Glashaus zur Standardausstattung. Wo dies nicht ausreicht, können automatische, elektrisch angetriebene Lüf-

7.4.1 *links*
Verschattungen schützen die Pflanzen vor Verbrennungen.

7.4.2 *rechts*
Regelmäßiges Gießen bringt viel Feuchtigkeit ins Glashaus.

tungsanlagen (vgl. Kap. 5.6.2) zu kleine oder falsch angebrachte Fensteröffnungen ersetzen.

Bei großen und teuren Bepflanzungen ist nicht selten eine Berieselungsanlage sinnvoll. Zur Tröpfchenbewässerung gibt es eine Reihe unterschiedlicher Systeme, deren Auslegung sich ganz nach der Art der Bepflanzung richtet.

Nicht nur Kühlung sondern auch die Erwärmung der Luft im Winter mittels Gebläse kann im Gewächshaus notwendig sein. Doch Vorsicht: Gebläse sind mit einem hohen Energieverbrauch verbunden.

7.5 Aus der Praxis

Keine Theorie ersetzt die Erfahrung in der Praxis. Dies zeigt einmal mehr das Beispiel des folgenden Wintergartens und seiner Nutzer. Familie Ernst „verstößt" in ihrem Glashaus gleich gegen eine ganze Reihe von Grundsätzen: Sie nutzen das Glashaus bedingt als Wärmepuffer, zum Wohnen und zur Pflanzenzucht und mixen dabei auch noch Pflanzenarten, die eigentlich ganz unterschiedliche Klimabedindungen erfordern - was allerdings nicht zur Nachahmung auffordert, die Probleme und Nachteile dieser Mischnutzung sind erheblich.

So ist der jetzige Pflanzen-Bestand auch das Ergebnis langer Erfahrungen und vieler Experimente, die daneben aber auch schmerzhafte finanzielle Verluste mit sich brachten.

Gepflanzt wurde eine kunterbunte Mischung folgender Gewächse: Eine Bogainvillea, die eigentlich in ein ständig warmes Gewächshaus gehört, dazu ein Feigenbaum aus dem nicht immer frostfreien Gewächshaus, kombiniert mit Nutzpflanzen wie Tomaten, Gurken und vielerlei mehr. Dieser Mix wurde aufgrund ganz unterschiedlicher Pflanzbedingungen und Kleinklimata in dem sehr langgestreckten Glashaus möglich. Im vorderen Bereich befindet sich ein niedriggelegenes Pflanzbeet mit stationären, teilweise auch in Körben gepflanzten Arten. Das Beet mit direktem Bodenkontakt bietet den Gewächsen hohe Feuchtigkeit, durch seine Entfernung zum Kernhaus gelangen nur geringe Mengen an Abwärme zum

Beet, dafür mehr Kälte und sogar Frost von außen. Die empfindlicheren Kübelpflanzen stehen auf einem höherliegenden Podest direkt an der Hauswand, wo sie die Abwärme des Hauses und die Abstrahlwärme der Wand auch bei geringer Sonneneinstrahlung nutzen können. Zudem leiten die Hausbewohner in sehr kalten Zeiten Warmluft aus dem Gebläsesystem des Kernhauses (vgl. Kap. 4.4) in den Wintergarten. Dies auch deshalb, weil Kübelpflanzen aus dem Garten im Gewächshaus überwintern. Das bringt zum einen schöne Blüten im Winter, aber im Frühjahr auch das zu schnelle Austreiben einiger Pflanzen (siehe Überwinterung). Probleme mit den Pflanzen treten durch große interne Klimaschwankungen und durch Ungeziefer auf. Hier besteht ein direkter Zusammenhang: Pflanzen reagieren empfindlich auf starke Veränderungen, diese erhöhen die Anfälligkeit und schaffen gleichzeitig gute Lebensbedingungen für Schädlinge. Pflanzenschutzmittel gibt es dennoch nicht im Hause Ernst. Die Bewohner nehmen es gelassen hin, gemäß ihrer Philosophie, manche Dinge eben einfach zuzulassen, etwa daß Pflanzen schon einmal krankwerden und vielleicht eingehen.

Doch nur passiv zuschauen wollen die Bewohner auch nicht und haben sich deshalb zur Aufstellung von Gelbfallen gegen die Weiße Fliege entschieden und Gift gegen Ameisen ausgestreut, denn die übertragen Schildläuse. Außerdem sammelt die Familie Marienkäfer und setzt sie im Wintergarten aus.

7.5.1
Magere Ernte: Gurkenpflanzen vertragen das Klima dieses Glashauses nicht.

7.5.2
Im vorgelagerten Pflanzenbeet gedeihen Tomaten neben einem Feigenbaum. Gelbfallen sollen vor Ungeziefer schützen.

7.5.3
Die Bougainvillea mag das wärmere Kleinklima direkt an der Hauswand.

8. Quellenangaben

Die Numerierung erfolgt analog zur ersten Erwähnung des Titels im Text.

(1) Horst Küsgen, Melita Tuschinski: Wer im Glashaus sitzt. Studien zum Gebrauchswert von Anbau-Glashäusern, Stuttgart 1992 (Bauök-Papiere 54, hrsg. v. Institut für Bauökonomie der Universität Stuttgart)

(2) Wolfram Koblin, Eckhard Krüger, Ulrich Schuh: Handbuch Passive Nutzung der Sonnenenergie, Schriftenreihe 04 „Bau- und Wohnforschung" des Bundesministers für Raumordnung, Bauwesen und Städtebau, Heft 04.097, 1984.

(3) Gerd Hauser: Passive Sonnenenergienutzung durch Fenster, Außenwände und temporäre Wärmeschutzmaßnahmen, in: HLH 1983, Heft 3,4,5,6.

(4) Wolfgang Mittmann, Joachim Diener: Erwiesen ist: Markisen halten Wärme fern, in: Glaswelt 1990, Heft 12.

(5) Gestalten mit Glas, hrsg. v. Interpane Glasindustrie AG, 4. erw. Aufl. 1995.

(6) Hans Werner: Bauphysikalisches Verhalten von Wintergärten. Planungs- und Nutzungsempfehlungen für die Praxis, in: Deutsches Architektenblatt, 1988, Heft 2.

(7) Einfamilienhäuser und passive Energiesparmaßnahmen. Eine experimentelle Untersuchung, Bine Informationsdienst, Bonn, Juli 1991.

(8) Abdullah Nafi Baytorun: Bestimmung des Luftwechsels bei gelüfteten Gewächshäusern. Gartenbautechnische Informationen 1986, Heft 27 (hrgs. v. Institut für Technik in Gartenbau und Landwirtschaft, Universität Hannover).

(9) Wolfgang Feist, Unzulänglichkeiten des Rechenverfahrens nach dem Entwurf der neuen Wärmeschutz-Verordnung, in: Sonnenenergie & Wärmepumpe 1991, Heft 6.

(10) Gerd Hauser: Konzept und Konsequenzen der neuen Wärmeschutzverordnung, in: wksb, Sonderausgabe 1994 (hrsg. von Grünzweig + Hartmann, Ludwigshafen).

(11) Ansgar Schrode, Georg Löser: Die neue Wärmeschutzverordnung: Brücke oder Sackgasse auf dem Weg zum Niedrigenergiehaus? BUND-Stellungnahme, in: wksb, Sonderausgabe 1994 (hrsg. von Grünzweig + Hartmann, Ludwigshafen).

(12) Energiesparhäuser mit hybrider und passiver Sonnenenergienutzung, Bine Informationsdienst, Bonn, August 1990.

(13) Grüne Solararchitektur bei Reihenhäusern - Energiebilanzen und biologische Aspekte, Bine Informationsdienst, Bonn, Juli 1991.

(14) Dirk Oswald u.a.: Passive Solarenergienutzung in bewohnten Eigenheimen. Meßergebnisse und energetische Analyse für die fünf grundrißgleichen Solarhäuser in Landstuhl, IBP-Bericht WB 25/1988 (hrsg. v. Fraunhofer-Institut für Bauphysik).

(15) Der Wintergarten - (k)ein Beitrag zur Energieeinsparung, Presse-Information des Hessischen Ministeriums für Umwelt, Energie und Bundesangelegenheiten v. 18. März 1994.

(16) Dieter Schempp, Martin Krampen, Fred Möllring: Solares Bauen. Stadtplanung - Bauplanung, Köln 1992.

(17) Bauordnung für das Land Nordrhein-Westfalen, in: Gesetz- und Verordnungsblatt für das Land Nordrhein-Westfalen, Nr. 29 vom 13. April 1995.

(18) Heinz-Georg Temme: Wintergärten, Glasanbauten, Überkopfverglasungen, in: DAB 1986, Heft 12.

(19) Ernst Hermann Hell: Bauaufsichtliche Anforderungen an Wintergärten, Institut für das Bauen mit Kunststoff, Darmstadt, IBK-Seminar 91 v. 12./13.04.1988.

(20) Überkopf-Verglasungen. Bestandsaufnahme der Ausführungsvorschriften. Dickenwahl von Glasscheiben für nicht senkrechten Einbau. Technische Richtlinie des Glaserhandwerks Nr. 19, 1987.

(21) Verglasungsrichtlinien für Mehrscheiben-Isolierglas. Technische Richtlinie des Glaserhandwerks Schrift 17, 1975.

(22) Klotzungsrichtlinien für ebene Glasscheiben. Technische Richtlinie des Glaserhandwerks Nr. 3, 2. überarb. Ausgabe 1979.

(23) Dichtstoffe für Verglasungen und Anschlußfugen. Technische Richtlinie des Glaserhandwerks Nr. 1, 4. erw. Ausgabe 1986.

(24) Verglasen mit Dichtprofilen. Technische Richtlinie des Glaserhandwerks Nr 13, 2. überarb. Ausgabe 1987.

(25) Glasabdichtung am Holzfenster, hrsg. v. Institut für Fenstertechnik e.V., Rosenheim. Forschungsbereich im Auftrag des Bundesministeriums für Raumordnung, Bauwesen und Städtebau, Rosenheim 1981.

(26) Beanspruchungsgruppen zur Verglasung von Fenstern („Rosenheimer Tabelle"), hrsg. v. Institut für Fenstertechnik e.V., Rosenheim.

(27) Dieter Balkow u.a.: Glas am Bau. Technischer Leitfaden, 2. erw. Aufl. Stuttgart 1990 (hrsg. v. Vegla, Vereinigte Glaswerke GmbH).

(28) Hans-Joachim Gläser u.a.: Funktions-Isoliergläser. Moderne Verglasungen für Fenster und Fassaden, Ehningen 1992 (Kontakt & Studium, Bd. 335).

(29) Einsatz von Brettschichtholz im Freien, Merkblatt der Studiengemeinschaft Holzleimbau e.V., Düsseldorf.

(30) Behandlung von Bauteilen und Konstruktionen aus Brettschichtholz, Merkblatt der Studiengemeinschaft Holzleimbau e.V., Düsseldorf.

(31) Holzleimbau: Gütsicherung RAL-RG 421, hrsg. v. RAL, Ausschuß für Lieferbedingungen und Gütesicherung.

(32) Formaldehydabgabe von resorcinharzverleimtem Brettschichtholz, Prüfbericht der Forschungs- und Materialprüfungsanstalt Baden-Württemberg (FMPA), August 1988.

(33) Hans-Joachim Deppe, Klaus Schmidt: Untersuchungen zur Beurteilung von Brettschichtverleimungen für den Holzleimbau. Forschungsbericht 136 der Bundesanstalt für Materialforschung und -prüfung (BAM), Berlin April 1987.

(34) Peter Weissenfeld: Holzschutz ohne Gift? Holzschutz und Oberflächenbehandlung in der Praxis, Staufen 1994.

(35) Erich Seifert, Josef Schmid: Erwärmung von farbigen Anstrichen und ihre Auswirkung auf Bauelemente aus Holz, in: glas + rahmen 1972, Heft 21.

(36) Wolfgang Ruske: Glas. Planen und Bauen mit natürlichen Baustoffen, Kissing 1988.

(37) Günter Ortmanns: Produktinnovation beim Baustoff Glas als Reaktion auf die Anforderungen einer sich wandelnden Architektur, in: wksb, Sonderausgabe 1994 (hrsg. von Grünzweig + Hartmann, Ludwigshafen).

(38) Verlegehinweise zu Stegplatten, Plexiglas SP, Makrolon SP, Verarbeitungsrichtlinien Röhm GmbH, Darmstadt 1995.

(39) Pfosten-Riegel. Holz-Aluminium Konstruktion, Bug-Alutechnik GmbH, Vogt.

(40) Eberhard Baust: Praxishandbuch Dichtstoffe, hrsg. v. Industrieverband Dichtstoffe (IVD), 2. Ausgabe Memmingerberg 1988.

(41) Helmut Schocker: Lüftung von bewohnbaren Glasanbauten, in: Glas und Rahmen 1986, Heft 10.

(42) Wintergartenlüftung, hrsg. v. Lüftomatic, Gesellschaft für Lüftungs- und Klimatechnik mbH, Schreisheim.

(43) Passive Sonnenenergienutzung, Wintergarten, Solarwand. Interdisziplinäres Forschungsprojekt 21/5 der Technischen Universität Berlin, Zwischenbericht 1983.

(44) Innenliegender Sonnenschutz für Wintergärten optimal. Sonderdruck Heimtex, Hüppe Form, Oldenburg.

(45) Christoph und Maria Köchel: Kübelpflanze, der Traum vom Süden. Wintergärten und Terrassen gekonnt gestalten, 3. Aufl. München 1992.

Stichwortverzeichnis

Abkühlung 29, 38, 162
Abluft 15, 65, 122
Abluftgerät 124
Abluftöffnung 14, 15, 128
Abminderungsfaktoren 47
Absorberfläche 10
Abstandhalter 87, 97
Abstandsfläche 43
Abstrahlfläche 13, 14, 69
Abwärme 64
Acrylate 103
Acrylglas 94
aktive Nutzung von Sonnenenergie 10
Akzeptanz 34, 36
Algen 30
Alkalisch vernetzende Systeme 102
Altbau 46
Alterungsbeständigkeit 104
Aluminium-Profilsystem 97
Alumiumbedampfung 132
An- oder Einbindung 17, 21, 26, 120
Anlehnhaus 18
Anpreßdruck 97
Anschlußfuge 147
Anstrich 140
äquivalenten k-Wert 46, 85
Aufenthaltsraum 43
aufsteigende Feuchtigkeit 77
Auftrieb 14
Auftrittsfläche 12
Ausführungsfehler 138, 141
Ausnahmegenehmigung 43
Ausrichtung 54, 120
Außentemperaturfühler 136
äußerer Sonnenschutz 127, 128, 135
Australpflanzungen 158
Austrieb 162, 163

Auswaschung 103
automatische Lüftung 16, 121, 124

Bauaufsichtsbehörde 39, 42, 43, 45, 48
Bauform 16
Baugebiet 43
Baugenehmigung 43
Baukonstruktion 15
Baukosten 33
Baulast 45
bauliche Maßnahmen 29
Baulinie 46
Baulücke 46
Baurecht 42, 43
Bauschaden 36, 74, 96, 153
Bauteilverfahren 46
Bauvorschriften 42
Bauweise 26, 46, 120
Bauwesenversicherung 155
Be- und Entlüftung 28
Bebauungsplan 42, 43, 46, 47
Bedienungskomfort 121, 128
Begrünung 62
Behaglichkeit 6, 15, 33, 36, 128
Beheizung 28, 136
Belichtung uns Belüftung 48
Bepflanzung 40, 50, 156
Berieselungsanlage 117, 166
Beschattung 36, 38, 55, 68, 116, 126
Beschichtung 40, 89, 91
Bewässerung 164
Bewohnbarkeit 12, 24, 96
Bewohner 33
Bilanzverfahren 46
Bitumenbänder 106
Blaufäule 148
Blüte 162

Bodenbelag 118
Bodendecker 160
Borverbindungen 78
Brandlast 43
Brandschutz 42, 44, 46, 47, 50, 94
Brandschutzverglasung 45, 52
Brandwand 45
Brett-Schichtholz 74, 96, 99
Bruchfestigkeit 94
Butylkautschuk 106

chemischer Holzschutz 77, 78
chemischer Pflanzenschutz 163

Dachfläche 40
Dachflächenfenster 65
Dachneigung 14, 27, 54, 120
Dachüberstand 77
Dachverglasung 39, 50, 88
Dampfdichtheit 95, 97
Dampfdiffusion 80, 88
Diagonalverbände 73
dichte Bauweise 43, 44
Dichtprofil 71, 99
Dichtstoff 91, 96, 101, 103
Dichtungsband 99, 103, 105
Dickschichtlasur 79
Dimensionierung der Lüftung 121
DIN 4108 47
Drahtglas 44, 86, 88
Drahtspiegelglas 86
Dreifach-Isolierglas 84, 88
Druck- und Zugfestigkeit 76
Duplexverfahren 82
Durchbiegung 91

Eigenlast-Berechnung 72

173

Einbauvorschriften 95
Einbindung 18, 21, 22, 25, 29, 39
Einbruchgefahr 62, 154, 155
Einfachglas 22, 23, 58, 74, 83, 85
Einscheibensicherheitsglas 86, 88
Einstrahlungsbedingungen 11 ff., 18
Einwilligung der Nachbarn 43
elastischer Kautschuk 104
elastoplastische Dichtstoffe 102
Elektroheizkörper 66
Elektroinstallation 117
Emissionswerte 76
Energieausbeute 12, 18, 30
Energiebilanz 13, 14 22 ff., 28, 34, 46
Energieeinsparung 6, 36
Energiegewinn 18, 40
Energiesparmaßnahme 33, 36
Energiesystem 26, 29, 39, 61, 74
Energieverbrauch 34
Energieverluste 14, 16, 23
entflammbare Baustoffe 44
Entlüftung 122
Entwurfsplanung 17, 26, 42
EPDM-Dichtprofil 97
Erker 43
Ethylen-Propylen-Terpolymer 75, 104

Fahrlässigkeit 155
Falzraum 96, 97
Fassadenüberdeckungsgrad 30
Fensterkonstruktion 105, 108
Feuchteausgleich 24
Feuchtebelastung 64, 68, 116
Feuchtegehalt 30
Feuchtehaushalt 16, 24, 138
Feuchteschaden 28
Feuchtigkeit 16, 17, 68, 70, 73, 79
Feuchtigkeit im Glasfalzraum 139
Feuchtigkeitsfühler 134
feuerhemmende Beschichtung 132

Feuerschutzklasse 45, 52
feuerverzinkt 83
Flammentest 91
Fliegengitter 121
Float- oder Spiegelglas 85
Floatglas 85
Fluchtweg 44
Formaldehyd 76, 77
freie Luftströmung 15, 121
freistehende Gebäude 15, 44
Frischluft 124, 164
Frostgefahr 18, 157
Funktionsglas 83, 85
Fußbodenheizungen 136

g-Wert 23, 48, 84, 85, 89
Gebäudeabschlußwand 43, 45
Gebäudeversicherung 154
Gebläse 166
Gebrauchsschäden 150
Gefrierpunkt 28, 157
Gehölze 157
Genehmigung 44, 48
Gerüche 164
Gesamtenergiedurchlässigkeit 23, 85
Gewächshaus 9, 10, 23, 26, 39
Gewächshauspflanzen 161
Gewährleistung 79, 139, 142, 153 ff.
Gießwasser 158
Glas 22, 26, 83, 84
Glas-Versicherungsschutz 154
Glasbefestigung 73 ff., 76, 96 ff., 143
Glasbruch 61, 74, 138, 140, 150 ff.
Glasdach 45, 48
Glasdicken 91
Glasfalz 99, 105, 147
Glasflächenanteil 120
Glashalteleiste 147
Glashaus 8, 61, 116, 156
Glashaus-Bepflanzung 157

Glashauskonstruktion 61
Glasqualität 22, 23
Glasstatiktabelle 91, 92
Globalstrahlung 11
Grenzabstand 52
Grenzbebauung 43, 44, 46
Grundbuch 45
Grüne Solararchitektur 34
Grünhaus 61
Gußglas 85, 86
Gütegemeinschaft Holzleimbau 75

Haftfähigkeit 99, 102
Haftgrund 103
harte Bedachung 44, 50
Hartholz 74
Haushaltglasversicherung 154, 155
Heizkörper 65, 136
Heizkosten 58, 66
Heizung 29, 55, 58, 66, 117, 136
Heizwärmebedarf 30, 34, 36
Himmelsrichtung 29
Hinterlüftung 73, 92, 96
Hitzestau 27, 121, 132, 164, 165
Höhenunterschied 14, 121
Holz 74
Holz-Aluminium-Verbundsystem 108
Holzboden 22, 118
Holzfeuchte 77
Holzimprägnierung 78
Holzprofil 61
Holzschäden 77, 147
Holzschutz 76, 77, 78
Holzständerkonstruktion 24
homogener Randverbund 88
Hypokausten 30

Innenraumklima 16, 34, 38
innerer Sonnenschutz 127, 132
Installationen 136

Isolierglas 22, 39, 74, 83, 86
Isothermenverlauf 143

k-Wert 23, 46, 48, 84, 86, 88, 89
Kältebrücke 28, 64, 142
Kamin 127
Kamineffekt 14, 38, 40, 121
keramischer Boden 28, 118
Kernhaus 13, 18, 25, 116
Kesseldruckimprägnierung 78
Kleinklima 158
Klimapuffer 36
klimatische Extreme 13, 25, 116
Klötzen 92 99
Kondensat 13, 30, 39, 91, 95
Kondenswasser 73, 77, 97, 116, 141 ff., 164
Kondenswasserableitung 96, 141
Konstruktion 9, 26, 58, 71, 73
Konstruktionsdetails 98
Konstruktionsschäden 139
konstruktiver Holzschutz 70, 77, 147
Konvektion 70, 85
Korrosionsschutz 82
Kosten 158
Kratzempfindlichkeit 94
Kübelpflanzen 159, 163
Kulturbedingungen 160
Kulturzeit 160
Kunststoff 83, 94
Kunststoffgewebe 128
Kunststoffgläser 95
kurzwellige Lichtstrahlun 10

Lacke und Lasuren 79
Lage 17, 21, 22, 25, 120
Landes-Bauordnung 42, 44, 88
langwellige Strahlung 10, 85
Langzeitverhalten 88
Lastaufnahme 71, 92

Lastenberechnungen 72
Leimholz 75
Leinöl 79
Lichtdurchlässigkeit 22 ff., 48, 74, 85, 88 ff.
Lichteinfall 21, 40, 74
Lichtempfindlichkeit 94
Lichtintensität 162
Lichtverhältnisse 22
Lösungsmittel-/Dispersionsacrylate 102
Luftaustausch 14, 15, 61, 164
Luftbewegung 14, 15, 120, 140, 165
Luftfeuchtigkeit 16, 22, 25, 138
Luftkollektor 43, 58, 61
Lufttemperatur 33, 34, 61
Lüftung 15, 48, 63, 65, 116, 121, 124, 140
Lüftungsanlage 116, 122, 124, 140
Lüftungsbedarf 120, 121
Lüftungsgitter 15, 124
Lüftungsklappe 16, 121, 122, 164, 165
Lüftungsöffnung 121, 122, 165
Lüftungsverhalten 164
Luftwechsel 36, 120, 121, 124
Luftzirkulation 14, 15, 17, 25

Makrolon 94
Mangel 138
mangelhafter Oberflächenschutz 147
manuelle Bedienung 122
Markise 50, 128, 132, 135
Maß der baulichen Nutzung 43
Maßhaltigkeit 80, 83
massive Bauteile 12, 17, 21, 23, 28, 29
massive Gebäudeabschlußwand 48
maximal zulässige Durchbiegung 72
maximaler Feuchtigkeitsgehalt 75
Mehrfachverglasung 28
Messungen 63
Minimal- und Maximaltemperatur 22

Mischkonstruktionen 81

Nachbarschaftsrecht 44, 46, 49
Nachstromöffnung 124
nachträgliche Grenzbebauung 45
natürliche Lüftung 14, 121
Nebenanlagen 43, 46, 49
Neigung der Glasflächen 12
Neubau 46
Neutral vernetzende Systeme 102
Norm 78
Nutzung 9, 18, 25, 46, 50 ff., 68, 138
Nutzungsschwerpunkt 21 ff., 42, 71, 118
Nutzungszeit 21, 28, 40

Oberflächenbehandlung 70, 78 ff., 148
Oberflächentemperatur 165
offene Bauweise 43
offene Pflanzbeete 119
offenporiger Anstrich 28
öffentlicher Straßenraum 48
öffentliches Recht 46
Öffnungssystem 122
ölige Holzschutzmittel 78, 79
Orientierung 17, 21, 25, 40
ortstypische Bebauung 43, 52
Oxidationsstellen 82

partielle Überhitzung 150
passive Sonnenenergie-Nutzung 10, 18 29, 136
Pergola 46, 50
Pflanzenauswahl 156 ff., 160, 163
Pflanzenschutz 158, 161, 163
Pflanzenzucht 26, 38
Pflanzhierarchien 160
pflanzliche Schädlinge 77
Pflegeaufwand 36, 158, 160
Pfosten-Riegel-Bauweise 71, 96, 104, 108

Phenol/Resorzinleime 76
Pilz- und Insektenbefall 76, 78
Planung 6, 17
Planungsfehler 138, 140
Plastischer Dichtstoff 100
Platzangebot 54
Plexiglas 44, 94
Polycarbonatgläsern 94
Polysulfid 87, 103
Polyvinylchlorid 83
Primer 102, 103
Produkthaftung 90, 153
Profilsystem 73
Pufferzone 36, 43, 89, 157
PVAC-Verleimungen 76

Radial-Walzenlüfter 124
Rahmenbauweise 71
Randentschichtung 90
Randverbund 73, 82, 86 ff., 92, 140
Rasterbreite 91
Raumhöhe 15, 27
Rauminhalt 124
Raumklima 13, 18, 22 ff., 38, 58, 95, 120
Raumtemperatur 12, 15, 117
Raumthermostat 134
Recycling 95, 132
Regen- und Windfühler 134, 135
relative Luftfeuchte 16, 17, 36, 164
Richtlinien des Glaserhandwerks 91
Rückstellvermögen 100, 104

Sandbett 119
Sättigungspunkt 16
Schäden 13, 70, 138
Schadenersatz 155
Schadensbilder 139
Schadenshäufigkeit 138
Schädlinge 36, 77, 157, 161, 164

Schadstoff 82
Schalldämm-Maß 48, 90
Schallschutz 42, 47, 48
Schallschutzglas 89
Scheibenzwischenraum 86, 87, 89
Scheren- Fensterheber 122
Schimmel 36, 64, 136, 138 ff., 145 ff.
Schlagschatten 138
Schneelast 72, 91
Schotteruntergrund 119
Schrägverglasung 28, 92
Schutz von Hirnholz 77
schwere und leichte Bauteile 22
Schwerentflammbarkeit 45
Schwerpunkt- und Mischnutzungen 41
Selbstbau 132
Shore-A-Härte 92, 97, 104
Sicherheit 74
Sicherheitsglas 28, 39, 40, 88
Silikon 81, 88, 100, 104
Silikon-Dichtprofil 97 ff., 108
Skelettkonstruktionen 73
solarer Deckungsanteil 38
Solarhäuser 36
Sommernutzung 27
Sommersonne 14, 39
Sonneneinstrahlung 15, 17, 25, 120
Sonnenschutz 126
Sonnenschutzglas 88, 89
Spannungsrisse 88
Sparrenabstand 72
Speicherfähigkeit 22, 24
Speichermasse 61, 117
Speichermedien 30
Spektrum 7
Spenglerschrauben 98
spezifische Wärmelast 121
Spindelheber 122
Splitterbindung 74, 86
Stahl 76, 82

Stahlprofilsysteme 82
Stand der Technik 142
Standfestigkeit 76, 100, 116, 120
Standort 9, 16 ff., 21, 25 ff., 52, 157 ff.
Standortgegebenheiten 42
Standsicherheit 42, 47, 62
Staudruck 16, 72
Stegdoppelplatten 94
Steinfußboden 22, 118
Steuerung 134, 136
Strahlungsgewinn 30, 85
Strahlungsintensität 11, 17
Strömungsquerschnitt 15
Stufenglas 94
Stufenisoliergläser 94
subtropische Pflanzen 36
Südlage 30
System Glashaus 6, 20

Tauchverfahren 78
Taupunkt-Diagramm 17
Tauwasser 13, 28, 85, 141, 145
Tauwasserprobleme 39, 64
Tauwasserschäden 61
Technische Regel für Überkopfverglasungen 93
Teilverschattungen 150
Temperaturbeständigkeit 104
Temperaturen 13, 17
Temperaturhierarchie 40
Temperaturschwankung 13, 17, 28, 71
Temperaturwechselbeständigkeit 86, 89
Temperierung 61, 68
temporäre Nutzung 29, 30, 38
thermische Spannungen 142, 150
thermische Trennung 20, 30, 34, 76, 96, 98, 140, 141 ff.
Thiokol 87, 88, 91
Tiefenimprägnierung 78
tierische Schädlinge 77

Torfboden 119
Tragwerk 28, 71, 106
transluzente Kunststoffplatten 94
transparente Bauteile 10, 17, 23
Transparenz 21, 22, 132
Traufe 96
Treibhauseffekt 10, 14, 17
Trockenverglasung 61, 104
Trocknungszeit 76
Tropenpflanzen 158
Tröpfchenbewässerung 166

Übergangszeit 27, 29, 62, 64, 117
Überhitzung 15, 18, 21, 28, 68, 117, 126, 138, 140
Überkopfverglasung 88, 93
ungeheiztes Gewächshaus 157
Unterflurkonvektor 65
UV-Beständigkeit 87, 140
UV-Strahlung 73, 79, 94, 106, 140

Vegetationsperiode 158
Ventilator 16
Verarbeitung 76, 147
Verbundsicherheitsglas 44, 86 ff., 93
Verdingungsordnung im Bauwesen 153
Verglasung 39, 71, 74, 106
Verglasungsfehler 61
Verglasungsprofil 73, 81, 140
Verglasungssebene 97
Verglasungstechnik 74, 84, 96, 106
Verhalten der Bewohner 34
Verklotzung 92
Verleimung 76
Verschattung 28, 68, 117
Verschattungsanlage 117, 120
Verschattungsvorrichtung 120, 165
Versicherung 153ff.
Versiegelung 102
Vollholz 74

vorbeugender Pflanzenschutz 163
vorgespanntes Glas 86

Wachstums-Rhythmen 163
Wandanschluß 96
Wärme- oder Schallschutzglas 88
Wärme- und Feuchteverhalten 10
Wärme- und Kältebrücken 74
Wärmealterung 104
Wärmeausgleich 38
Wärmebelastung 64
Wärmedämmeigenschaft 22, 84
Wärmedämmaßnahmen 117
Wärmedurchgangskoeffizient 23, 84
Wärmegewinn 85
Wärmegewinne 13, 18, 22, 30, 85
Wärmekapazität 30
Wärmekollektor 34
Wärmelast 18, 48, 83, 116
Wärmeleistung 18
Wärmepuffer 58, 166
Wärmeschutz 74, 84
Wärmeschutzglas 22ff., 36, 39, 46, 64, 89
Wärmeschutzverordnung 30, 42, 46
Wärmespeicherfähigkeit 24, 38, 117
Wärmespeichermasse 117, 118
Wärmespeicherwand 36, 58
Wärmestau 140
Wärmeströme 13, 14, 17, 25
Wärmeverlust 21 ff., 38, 85
Wärmeversorgung 20
Wärmeverteilung 36
Warmluft 15
Warmluftkollektor 29, 30
Warmluftströmung 121
Warmwasserkollektor 58
Wasserdampf 16, 88
Wasserdampfdruck 87
Wasserfestigkeit 76

wasserlöslichen Holzschutzmittel 78
Wasserverdunstung 164
Wechselwirkung 10, 18, 71
Weichholz 74
Wetterfestigkeit 81
Winddichtigkeit 116
Winddruck 16
Windlast 72
Windmelder 134
Wintergarten-Klima 25
Wintergarten-Typen 26, 41
Wintergartenbauer 139
Wintergartenkonzepte 56
Wintergartennutzer 68
Wintergartenpflanzen 163
Wintergartenversicherung 155
Wintersonne 39, 61
Wirkungsgrad 33
Wirtschaftlichkeit 33
Witterungseinfluß 79
Wohnerfahrungen 6
Wohngewächshaus 33
Wohnklima 34
Wohnqualitäten 34
Wohnraum 9, 10, 26, 38, 39, 61
Wohnraumerweiterung 20, 36 ff., 64

Zahnstangen-Hebemechanismus 122
Zierpflanzen 157
Zimmerpflanzen 161
Zugluft 68, 70, 124, 138, 165
zulässige Biegespannung 91
zulässiger Gesamtverformung 102
Zuluft 62, 65, 122, 124, 128
Zuluftöffnungen 14, 15, 62, 65, 128
Zusatzheizung 134, 136
zweigeschossig 30, 40
Zweikomponenten-Systeme 100
Zweischeiben-Isolierglas 23
Zweischeiben-Wärmeschutzglas 23

Sach- und Fachbücher zur umweltfreundlichen Technik

Holger König
Wege zum gesunden Bauen
Baustoffwahl, Baukonstruktionen, ausgeführte Objekte, Baunormen, Bauphysik, Preise und Bezugsquellen. Ein Handbuch für Bauherren, Architekten u. Handwerker. Erweit. Neuaufl. 1997, 261 S. m.v. Abb. 49,80 DM

G. Häfele, W. Oed, L. Sabel
Hauserneuerung
Das Handbuch zeigt, worauf es bei einer umweltverträglichen und kostengünstigen Renovierung ankommt. Mit Anleitungen zur Selbsthilfe, Baustoffkunde u. Kostenübersicht. 236 S. m. v. Abb., 1996 48,- DM

Holger König
Das Dachgeschoß
Gesunder Wohnraum unter dem Dach - Umbau, Ausbau, Neubau: ein umfassendes und konsequentes Planungshandbuch für Bauherren, Handwerker und Planer. 2.unveränd.Aufl. 1994, 236 S. m.v. Abb. 48,- DM

Heinz Ladener
Solaranlagen
Grundlagen, Planung, Bau und Selbstbau solarer Wärmeerzeugungsanlagen. Das Handbuch der Sonnenkollektortechnik für Warmwasserbereitung, Schwimmbad- und Raumheizung! 1993, 220 S.m.v. Abb. 44,- DM

Peter Stenhorst
Heißes Wasser von der Sonne
Allgemeinverständliche Einführung in die Sonnenkollektortechnik und Leitfaden für Planung und Kauf von Solaranlagen zur Warmwasserbereitung, Schwimmbad- u. Raumheizung. 1994, 188 S. m.v.Abb. 19,80 DM

Heinz Ladener
Solare Stromversorgung
Grundlagen- u. Praxiswissen, das für Planung und Bau solarer Stromversorgungsanlagen gebraucht wird: Solarpanele, Akkus, Schaltungstechnik und Geräte, m. Beispielen u. Erfahrungen. 2.Aufl.1995, 284 S., 48,- DM

Othmar Humm
Niedrigenergiehäuser
Grundlagen und Realisierung von Häusern mit sehr niedrigem Energieverbrauch: Konzeption, Baukonstruktionen, Haustechnik; 18 Beispiele zeigen die Bandbreite der Lösungen. 1997, 295 S. m.v.Abb. 58,- DM

Edgar Haupt, Anne Wiktorin
Wintergärten - Anspruch und Wirklichkeit
Ein Praxishandbuch. Planung und Bau von Wintergärten: Konstruktionen, empfehlenswerte Materialien, Verglasungs- und Klimatisierungssysteme; Bauschäden, gebaute Beispiele. 1996, 177 S. 220 Abb. 39,80 DM

Gernot Minke
Lehmbau-Handbuch
Ein umfassendes Lehrbuch und Nachschlagewerk, das die ganze Vielfalt der Einsatzmöglichkeiten und Verarbeitungstechniken des Baustoffes Lehm zeigt und die materialspezifischen Eigenschaften praxisnah erläutert. 3. Aufl. 1997, 320 S. m. vielen z.T. farb. Abb. 68,- DM

Christopher Day
Bauen für die Seele
Architektur im Einklang mit Mensch und Natur. Eine Abhandlung über den Prozeß des Bauentwurfs, die zeigt, wie wohltuende, für den Menschen heilsame Wohnumgebungen geschaffen werden können.
1996, 189 S. m.v.Abb. 39,80 DM

Claudia Lorenz Ladener
Naturkeller
Grundlagen, Planung und Bau von naturgekühlten Lagerräumen im Haus oder Freiland, um für Obst und Gemüse geeignete Überwinterungsmöglichkeiten zu schaffen. 139 S. m.v.Abb., 1990 29,80 DM

Peter Weissenfeld
Holzschutz ohne Gift?
Holzschutz u. Holzoberflächenbehandlung in der Praxis mit vielen Anleitungen u. Rezepten für alle, die in Haus und Hof selbst zum Pinsel greifen.
7. überarbeitete Aufl. 1988, 141 S. mit Abb. DIN A5 br. 19,80 DM

Bücher zu aktuellen Themen
Bauen - Energie - Umwelt

Claudia Lorenz-Ladener, Hrsg.
Kompost-Toiletten
Wege zur ökologischen Fäkalienentsorgung. Geschichte, Funktion von Komposttoiletten, Produktübersicht, Installation, Aussagen zur Gebrauchstauglichkeit und Erfahrungsberichte. 163 S. m.v. Abb., 1992 29,80 DM

Klaus Bahlo, Gerd Wach
Naturnahe Abwasserreinigung
Planung und Bau von Pflanzenkläranlagen. Dieser Ratgeber für Grundstücksbesitzer und Planer zeigt detailliert und verständlich, wie Pflanzenkläranlagen genehmigungsfähig geplant, fachgerecht gebaut, betrieben u. gewartet werden. 3. Aufl 1995, 137 S. m.v. Abb. 29,80 DM

Klaus W. König
Regenwasser in der Architektur
Sammlung und Nutzung von Regenwasser an Gebäuden: Planung, Bau und Betrieb von Regenwassersammelanlagen im privaten, gewerblichen und kommunalen Bereich sowie erweiterte Wasserkonzepte mit Versickerung und Verdunstung. 1996, 236 S. m.v. Abb., 56,- DM

Karlheinz Böse
Brunnen- und Regenwasser für Haus u. Garten
Wie und in welchen Behältern Wasser gesammelt werden kann, wann gefiltert werden muß, welche Pumpen geeignet sind, wie das Wasser in Haus und Garten verteilt wird. 109 S. m.v.Abb., 16,80 DM

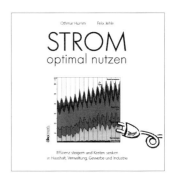

Othmar Humm, Felix Jehle
Strom optimal nutzen
Efizienz steigern und Kosten senken in Haushalt, Verwaltung, Gewerbe und Industrie. Ein umfassendes Handbuch mit praktischen Empfehlungen zur rationellen Nutzung der Edelenergie Strom. 1996, 224 S. 48,- DM

Heinz Schulz
Biogas-Praxis
Grundlagen, Planung, Bau, Beispiele. Das Buch geht detailliert auf Anlagentechnik, Cofermentation, sowie Planung, Kosten u. Wirtschaftlichkeit ein. Mit Beispielen ausgeführter Anlagen. 1996, 187 S.m.v. Abb. 44,- DM

Heinz Schulz
Kleine Windkraftanlagen
Technik, Erfahrungen, Meßergebnisse. Detaillierter Überblick über käufliche Windkraftanlagen bis 1 kW Leistung zur Stromerzeugung und zum Wasserpumpen. Mit Leistungsdaten u. Preisen! 108 S., 1991 24,80 DM

Hans-P. Ebert
Heizen mit Holz
Günstiger Holzeinkauf, Zurichten des Waldholzes, Lagerung und Trocknung, Anforderungen an Feuerstelle und Schornstein, die verschiedenen Ofentypen und ihre Einsatzbereiche. 130 S. m.v.Abb., 1993/97 19,80 DM

Martin Werdich
Stirling - Maschinen
Grundlagen und Technik von Stirling-Maschinen mit einem Überblick über erprobte Motorkonzepte und ihre Vor- und Nachteile. Mit ausführlichem Hersteller- und Literaturverzeichnis sowie Bauplan für ein Funktionsmodell. 140 S. m.v.Abb., 3. Aufl. 1994 29,80 DM

Unsere Bücher erhalten Sie in allen Buchhandlungen!
Preisstand 1.8.1997 - Änderungen vorbehalten!

In unserer *Versandbuchhandlung* haben wir über 300 Titel auf Lager, die Sie direkt bei uns bestellen können, und zwar zu folgenden Themen: Solararchitektur - Bauen & Selbstbau - Nutzung von Sonnen-, Wind- und Wasserkraft - Bioenergie - Energiekonzepte - Land- und Gartenbau - Tierhaltung - gesunde Küche - und vieles mehr ....

Fordern Sie einfach die große Buchliste an bei:

ökobuch Verlag & Versand GmbH
79216 Staufen · Postfach 1126